伟大的转型
改革开放以来的中国社会变迁

THE GREAT
TRANSFORMATION
CHINESE
SOCIAL CHANGES SINCE
THE REFORM
AND OPENING UP

张林江 著

社会科学文献出版社
SOCIAL SCIENCES ACADEMIC PRESS (CHINA)

"群学何？用科学之律令，察民群之变端，以明既往、测方来也。肄言何？发专科之旨趣，究功用之所施，而示之以所以治之方也。故肄言科而有之。今夫士之为学，岂徒以弋利禄、钓声誉而已，固将于正德、利用、厚生三者之业有一合焉。群学者，将以明治乱盛衰之由。而於三者之事操其本耳。"

——严复《群学肄言》

自序

本书写作的目的，是希望从社会学的视角来分析中国社会的现状，解释自1978年到目前中国社会变化背后的原因，也可以说是用社会学知识来讲"中国故事"。其写作起因，却是一个稍有点长的故事。

我是一个以读书、写书、教书为志业的学术"农民工"。在人生过程中总有一些阅读让人印象非常深刻，它们或者帮助自己开启了全新的认知，或者输送给我成长的营养，或者给我增加了前行的力量。蔡昉老师是对我影响深远的学者之一。但到目前为止，我和他说的话超不过三句，他可能根本记不得曾经见过我。

蔡老师是著名的经济学家、人口学家，中国社会科学院原副院长。我对蔡老师的一切好感，甚至可以说对蔡老师所有的了解，都是从读他的书和文章得来的。他的独著《穷人的经济学：农业依然是基础》，与林毅夫合著的《中国经济》，与林毅夫、李周合著的《中国的奇迹：发展战略与经济改革》三本书，是我读的遍数最多的经济学著作。其中，《穷人的经济学：农业依然是基础》读了可能不下十遍（这与我当年跟随陆学艺先生攻读农村社会学方向博士有很大的关系）。当然，这并不能说明自己刻苦勤奋。因为这本书并不像许多经济学著作那样厚重而晦涩，记得好像只有10万字左右，文字平实而温润，说理深刻但明快。用现在的话说，读起来很"爽"，所以读此书并不是负担而是享受。而且，那时我在读博士，有大把的时间可以认真地看一本书。此后，自己的阅读口味偏好逐渐固化，读"蔡"成为读书的精神愉悦之一。

所有的学生都在自觉不自觉地模仿老师。对蔡老师著作的阅读，也让我思考和写作时向他看齐。其中，反复阅读他和林毅夫老师合著的《中国经济》，不但帮助自己从中国经济学视角对我国发展有了逻辑清晰、框架严谨的经济学理解，而且促使自己产生了一个念头，觉得如果能有一本名为《中国社会》的著作，从社会学的视角对我国发展进行另一种别有新意的学科剖析，那一定是非常有意义的。

许多社会学人做了这样的努力。20世纪末，读到社会学家李培林、李强、马戎老师主编的《社会学与中国社会》一书。在后记中，李培林老师在回答为什么国内已经有很多社会学基础教材而他们还想再编一本时说道："中国改革开放30年了（这本著作完成并出版于2008年——本书作者注），伴随着经济体制的改革和经济的高速增长，中国的社会也发生了巨大变迁。改革开放后中国社会学的恢复重建，也已经有了近30年的历史，中国社会学本身也发生了巨大变化，积累了大量经验研究成果。所以，我们觉得，需要有一本社会学的教材，能够反映中国社会的巨大变迁和中国社会学的发展，或者说能够反映中国社会学家对中国巨大社会变迁的思考。"① 他同时谈道，当开始进行框架设计和具体写作时，由于所涉及的领域很多，发现"不是几个人可以驾驭的"，而且，协调和统稿工作的难度超出了最初的想象。可见，要想对过去数十年我国社会发展进行全景式的社会学透视和分析，是一件非常艰难的事情。

这当然与社会学的学科能力有关，更与中国社会的复杂性有关，还与中国社会的变动性有关。

念头一旦产生，就不会消失，它只会蛰伏。只要有了合适的土壤和气候，念头的种子就会再次萌芽。

2013年5月13日，恩师陆学艺先生溘然长逝。哲人其萎！

在他生前，他带领的课题组以"中国社会转型"为研究对象的几项成果——《当代中国社会阶层研究报告》《当代中国社会流动》《当代中国社会结构》《当代中国社会建设》出版后，不仅在学界引起极大的反响，成为后来相关研究领域的重要基石，而且因其对时代准确的画像和客观的分析，引起社会大众的强烈反响和热捧。同时，这些调查研究成果强烈的资政导向和家国情怀，对于我国社会领域公共政策的

---

① 李培林、李强、马戎主编《社会学与中国社会》，社会科学文献出版社，2008。

演进和优化，也起到了相当大的推动作用。作为一位具有高度学术敏感和富民情怀的学者，陆学艺先生在晚年提出，在一个占世界人口约20%的东方大国，在一个用30多年、一代人的时间就走完西方数百年工业化历程，并伴随着快速城镇化、信息化、经济全球化等特点的国家，只有长期的跟踪研究才能永保理论与时代同步、永保提出的发展对策不会落后。为此，在生前最后几年，他多次和课题组成员、学界同仁等提出要进行前述几项研究的补充调查和跟踪研究，并做了大量学术上的准备，召开了若干次专题学术会议，进行了不少地方的实地调查。但天不假年，他的这项宏大的学术计划并没能真正启动。

陆学艺先生去世后，课题组成员在中国社会科学院社会学研究所的支持下，有意于重新开展这项重大研究。为慎重起见，课题组召集学术界从事相关研究的同行开了几次讨论会，围绕着对原书部分改写还是推倒重写抑或续写原书、是用原课题组名义还是重组课题组、课题的名称、几个课题和成果间的结构摆布等，进行了多次讨论、辩论甚至争论。

2019年2月，课题组经过认真研究，最终确定了这项研究工作的分工和具体方案。其中，龚维斌教授领衔负责对《当代中国社会结构》一书展开后续跟踪研究。他以一贯稳重而又干练的风格主持了这一研究，并提出大致沿用原书框架和基本概念范畴、突出对该书出版以后即2010~2020年我国社会结构的变迁进行研究的写作思路，并确定由他和我负责全书导论的写作。

我们真正开始导论的调研和写作是从 2019 年 8 月开始的，但其间由于任务的艰巨、能力的不逮和时间的冲突而屡次中断。解决这种困难的唯一办法，只能是再去读书、再去调研、再去讨论、再去思考。2020 年初起，突如其来的新冠肺炎疫情打断了许多事情运行的节奏。在课题组成员基本交齐各分章研究成果的基础上，经过对这些成果的认真阅读、学习和吸收，再加上疫情期间难得的整块时间，导论的写作进入加速期。虽然其间也有其他事务打扰，但我们于 2020 年 10 月基本完成了导论。有意思的是，由于材料的丰富、问题的复杂、表达的冲动等综合原因，原来计划写 2.5 万字左右的导论竟然写出了 11 万字。

需要说明的是，导论的部分观点和材料吸收了课题组成员提交的各章研究成果，但总体思路和多数观点、材料主要是写作者自己的所思所想。这也是当年陆学艺先生领导课题组写作的一个风格甚至可以说是"范式"——采用总报告 + 分报告（在著作中按章节编排）的体例。所以，从某种程度上可以说，我们写的这个导论相当于全书的总报告，于全书其他章节而言既是一个整体，同时又具有一定的独立性。其中对部分问题的观点和看法，与该书后面各章的写作者存在一定的差异。

基于这样的情况，龚维斌教授建议，除了要我按要求提交 2.5 万字左右的导论外，可以再做适当修改、补充和完善，形成一本自己的专著，但书名应当与《当代中国社会结构（2010~2020）》有所区别（该书已于2021年12月由社会科学文献出版社出版）。并且，如果引用他人成果应当明确标注，以遵守学术规范和研究伦理。在他的鼓励下，按照这样的原则，就有了现在这本书。

所有的写作者在书稿完成后，都像妈妈生了孩子一样，想给孩子好好梳洗打扮一番，以让孩子更帅更酷更美丽。原来的导论仅限于对2010~2020年中国社会结构的变迁及其背后的机理进行总结和解释，在那个导论的基础上，我又进行了四个方面的研究努力。其一是规模较大的修改，基本上可以说是全身"整容"式的调整。将研究视野拉得更长，将本书研究的时间起点从改革开放算起，直到2021年，甚至采用了少部分2022年上半年能够收集到的数据，从而希望从更长的历史时段，整体呈现改革开放以来我国社会基于型态视角的巨大变化。因为，这种结构式的剧变远远超越了单纯量的积累，而具有量变的意义，由此才能说明中国社会的变化是结构性的而非数量性的。其二是对社会的组织结构进行了新的界定和研究，从而试图说明当代中国社会成员是如何组织起来的，以有别于社会学界长期只关注狭义的社会组织（指民政系统登记的社团、基金会和民办非企业单位）的做法。其三，增加了关于互联网对于社会结构影响的研究。基于互联网深度嵌入现实生活，从而形成了网络社会结构，而且网络社会结构与现实社会结构产生了互相塑造作用，故增加了网络社会结构这一研究维度。其四是相对较小的修改，也可形象比喻为"化妆"式的调整。主要是对部分观点、遣词用语、章节划分和标点符号等进行了适当的修订和完善。

如何给写出来的书起个好名字，就像家长给孩子起一个好记好听又充满美好寓意的名字一样重要而又困难。在想了许久之后，"中国社会"这个书名在一天散步思考时突然冒了出来。当然，这是当年种下的"因"而结出来的今时"果"。但说实话，当时也吓了自己一跳。这样一个巨大的名字，由我这样一个名不见经传的小人物来占用，由这样一部仅有十余万字的小书来占用，是不是僭越了？虽然小人物用大书名，在学术史上是个经常出现的大概率事件，学术道德中也不要求只能由大人物来搞大书名，但几经思考，还是放弃了这个念头。

一个原因是，应星教授已于 2015 年主编出版了一本名为《中国社会》的高校教材（中国人民大学出版社出版）。从我的阅读感受看，他这本书的结构和内容是基本能够与"中国社会"这个书名相匹配的。诚如其内容介绍所言，"该教材以中国社会的巨变为主线，首先用社会学的眼光勾勒了中国传统社会的基本品质，并对改革开放前的中国现代社会作了概略描述，而后着重对中国进入改革开放时期以来经济、政治和社会等领域发生巨变的缘由、进程、机制及后果，从社会学的角度进行了分析。该教材的基本内容是试图沿着时间的脉络讲述中国社会的发展故事，从社会学角度系统总结中国社会转型的前因后果及重要现象，总结社会学者对中国社会转型的既有研究成果，使我能够学会运用社会学的想象力。该教材的一个显著特点是对中国社会巨变的分析不再仅仅局限于传统的社会学分析层面，而是引领学生理解中国社会巨变中传统与现代的关系、经济与社会的关系、政治与社会的关系，以及社会自身的关系。"①

另一个原因是，用同样的书名来出书，不光会给读者带来阅读方面的混乱，也在一定程度上构成对出书在前的作者的冒犯（至少是挑战），且多少存在一定的学术伦理瑕疵。

但在与本书责任编辑陈颖女士的交流过程中，她提出，这个书名会让非本专业的阅读者因不知所云而产生误读和歧见，建议用更明白晓畅的能够直接反映全书主线和观点的表达，经反复讨论和斟酌，就有了现在这个书名。

交待了这本书的源起，以之为序。

---

① 应星主编《中国社会》，中国人民大学出版社，2015。

目录

引言 001

第一章　新社会结构主义：理论及其源流　001
 一　作为社会学元问题的社会结构理论　004
 二　经典马克思主义理论中的社会结构理论　013
 三　"社会结构转型是另一只看不见的手"　020
 四　社会结构进化是现代化的重心和表征　028
 五　扎根中国现实的新社会结构主义　031

第二章　剧变：中国的社会结构转型　041
 一　人口结构　046
 二　家庭结构　055
 三　就业与职业结构　062
 四　城乡结构　071
 五　区域结构　075
 六　社会的组织结构　081

七	收入分配结构	088
八	消费结构	095
九	社会阶层结构	103
十	网络社会结构	109

第三章 动能：中国社会结构变迁动力机制   115

一	社会结构变迁的第一动力：工业化	118
二	市场化程度加深及其影响	123
三	城市化：中国千年未有之大变局	130
四	经济全球化：国际国内多重嵌套社会结构及其影响	147
五	科技进步与信息化：结构变迁新动力	160
六	制度与政策：中国社会结构变迁最大的"有形动力"	172
七	社会行动与个体行为：微观但积极的作用	186
八	社会观念和文化形态的变化：与社会的二重奏	194

第四章 趋势：优化我国社会结构的对策建议   203

一	我国社会变迁的六个新特点	207
二	我国非均衡社会结构的六大潜在风险	218
三	优化我国社会结构的对策建议	225

参考文献	253
后记	274

引言

一个好的理论研究，一方面，要力争用一个系统、完备的学理框架，对研究议题进行深度的学术分析，得出令人信服的结论；另一方面，还应当具有现实价值，要用最鲜活的数据和材料，对特定时空背景下最重要的问题，给出创新性的理论判断和针对性的对策建议。

社会结构是对纷繁复杂社会现象的深度扫描和概括，既是"对社会静态分析的终点，也是对社会动态分析的起点"。[①] 2010年，由陆学艺先生领衔的"当代中国社会结构变迁研究"课题组出版了《当代中国社会结构》一书。这是该团队在2002年出版《当代中国社会阶层研究报告》、2004年出版《当代中国社会流动》之后出版的第三部研究报告。他们在深入调研、反复讨论的基础上，提出了一系列在当时颇具创新性的概念与提法。

该课题组提出：社会结构是一个国家或地区占有一定资源和机会的社会成员的组成方式和关系格局。所谓社会变

---

① 陆学艺主编《当代中国社会结构》，社会科学文献出版社，2010，第8页。

迁，也就是社会结构的变迁。该研究对我国的人口结构、家庭结构、就业结构、收入分配结构、消费结构、城乡结构、区域结构、组织结构和社会阶层结构九个子结构进行全景扫描式的考察后，得到一系列重要的判断：我国当时的社会结构已经发生深刻的变化，但仍处于工业化的初期阶段，这与已经处于工业社会中期阶段的经济结构是不相适应的，大约滞后15年。这种经济结构与社会结构的不同步、不协调，是当时社会矛盾和社会问题产生的根本性原因。为此，他们强调，当时是调整社会结构的关键时期，应当以社会建设为重点，抓好社会体制改革，大力推进以城市化为突破口的系列社会发展议程。"陆学艺先生社会结构研究的着眼点在于，中国改革开放以来，尽管经济结构发生了急剧变化，但社会结构的变动是滞后的，以此指出经济结构与社会结构的关联发展是不协调的，这就造成了社会秩序的'紊乱'。因此，陆学艺先生社会结构研究的目的在于，从社会学的角度对阻碍中国社会发展的社会事实因素进行全面且深入的综合式分析，以俯瞰社会结构整体来探索'和谐社会秩序何以可能'"。[1]

2020年，中国全面打赢脱贫攻坚战，实现全面建成小康社会的宏伟目标，开启第十四个五年经济社会发展新征程。

---

[1] 李升、〔日〕佐佐木卫：《具有综合性特征的中国社会学——论陆学艺的社会学思想》，《西北师大学报》（社会科学版）2020年第2期。

2021年，中国迎来建党100周年。在庆祝中国共产党成立100周年大会上，习近平总书记代表党和人民庄严宣告：经过全党全国各族人民持续奋斗，我们实现了第一个百年奋斗目标，在中华大地上全面建成了小康社会，历史性地解决了绝对贫困问题，正在意气风发地向着全面建成社会主义现代化强国的第二个百年奋斗目标迈进。

中国是落后赶超型的发展中国家，中国共产党通过设定长期目标，并将其分解为发展规划和阶段性任务，领导全国各族人民接续奋斗，孜孜以求。其中一个重要的经验，就是不断深化对经济社会发展规律的认识，并在遵循规律的基础上，积极运用各种政策工具，适时适度动态调整经济增长函数、社会运行平衡度。

2020年突如其来的新冠肺炎疫情，传播速度之快、影响范围之广、危害程度之深前所罕见，极大地改变了中国和世界。在疫情"大考"中，得益于党的坚强领导、多年改革开放的发展成果和社会建设成效，我们在较短时间内较好地控制住了疫情，保障了广大人民群众的生命健康和国家长治久安。疫情引发的"中国之治"和"西方之乱"引起全人类广泛的思考，长期被奉为圭臬、号称要"终结历史"的西方民主制度、话语体系的神话受到空前的质疑。

找到中国经济社会快速发展、实现有效国家治理的逻辑线索，在讲好中国故事的同时，为人类社会提供全新的发展方案，近年来，这已经成为包括社会学人在内的国内外许多学者的研究重心。本研究的目的，也是希望能用规范的学术研究方法，用社会结构这个分析工具，对改革开放四十多年来我国社会领域（与经济领域相对应）发生的巨大变迁进行全景式的学术描述，同时揭示诱发这些变迁的动力机制，最后用趋势研究的思路对继续优化我国社会结构提出对策建议。我们觉得，这是继承和延续陆学艺先生开创的"新社会结构主义"学术思想的理论自觉行动，更是全面、客观、准确、深入地解释当代中国社会转型的伟大进程、政策脉络、动力机制的学术使命职责。

依据这样一个具有策论性质的分析思路，遵循"是什么、为什么、怎么办"的基础框架，本书分为四章展开。第一章是关于社会结构理论的文献爬梳，在对已有社会结构理论进行综述和介绍基础上，明晰当下我们使用这个分析工具的原因和价值。第二章是从社会结构的十个不同维度对中国社会变迁的全面扫描，希望充分展现中国用短短数十年时间实现了社会形态的巨大变化。第三章是我们发现的影响中国社会变迁的八大机制，是对社会转型背后影响变量的探寻。第四章则是对我国未来社会结构变迁趋势的研判和促进相关政策优化的建议。

第一章
新社会结构主义：理论及其源流

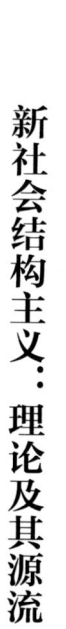

社会结构是社会学的核心概念和重要分析工具。新社会结构主义在吸纳借鉴马克思主义经典作家、西方社会学、日本社会学研究成果等的基础上，将社会结构变迁与现代化进程有机联系，形成了植根于中国土壤之中的社会结构研究框架和学术范式。

如同社会学的许多概念会产生歧义一样，社会结构这个概念也是如此。但没有一个社会学家，会认为社会结构不重要。卓有影响的《牛津社会学简明词典》和《柯林斯社会学词典》在给出了社会结构的笼统定义后，也都特别加以说明社会学中并不存在关于社会结构的统一概念。但是，"即使是那些不那么极端、立场相对中立的学者，也承认关注和研究结构/能动的关系是社会学的基本要求"。① 看来，结构研究的方法是社会学必然的选择，因为，"结构/机制叙事和事件/时间叙事是人类在描述和分析社会现象时所采用的两类最为基本的叙事形式"。②

　　在社会学的历史上，社会学家从不同维度、侧面来考察和解释社会的结构性现象，从而试图描述和分析社会系统的各个组成部分及其要素之间是如何形成了相对持久而又稳定的关系模式和社会安排。但在具体研究中，有学者从社会的基本要素或基本单位，比如个人、角色、群体、组织、社团、社区等层次展开研究，也有学者从族群、经济、政治、文

---

① 〔英〕安东尼·吉登斯、〔英〕菲利普·萨顿：《社会学基本概念》（第二版），王修晓译，北京大学出版社，2019，第34页。
② 赵鼎新：《什么是社会学》，生活·读书·新知三联书店，2021，第4页。

化、阶级阶层等层次展开研究，还有学者从制度、关系等维度展开研究。无疑，这些研究都有助于我们对于丰富、多元的整体性社会的理解。总的来说，运用社会结构这一概念，能够描述和分析社会的异质性，帮助人们把握社会运行的结构性、功能性、趋势性特征，从而在静态剖析和动态展现两个不同角度，让我们能够更好地掌握社会的整体性特点和规律性变化。

基于对社会结构理论的创新性认识以及其对社会生活的影响程度，我们将现有的社会结构理论分成如下几个不同的流派。

一 作为社会学元问题的社会结构理论

"'社会结构'曾经是社会学理论和分析的核心概念。但是，它现在已经成为一个老生常谈的话题，成为现代社会得以组织起来的'结构'和'行动'二元论的主要争端"。[①]安东尼·吉登斯和菲利普·萨顿把社会结构和人类行动、共识与冲突并列为社会学"持久的理论困境"，他们认为，结构与行动的关系之所以成为一个"问题"，是因为社会学家可以从是关注结构还是关注行动而分成两派。其中，行动导向的方法

[①] 〔英〕杰西·洛佩兹、〔英〕约翰·斯科特：《社会结构》，允春喜译，吉林人民出版社，2007，第1页。

强调人类行为积极和创造性的一面，而功能主义和一些马克思主义学派强调社会结构对于个人的约束性本质。①

众所周知，现代社会科学是工业社会的产物。1776年亚当·斯密《国富论》的发表，标志着现代政治经济学独立成为一门学科。由此开始，各个社会科学门类逐渐厘清研究范畴、划定研究领域。而对于社会学来说，"肇始于英法的启蒙运动高扬人的理性，对传统的迷信、无知予以猛烈抨击，并对以德国古典哲学为代表的抽象形而上学玄思发出挑战。此时，社会学便从哲学中脱胎出来，充任现实社会的解说人和建设者"。② 被社会学界称为奠基人的孔德、马克思、涂尔干、韦伯不约而同地都将一生用于探究所处时代由工业化而诱发的重大社会变革，通过考察工业社会到来对法国、英国、德国等国家的社会秩序、政治形势的冲击，理解社会变迁、社会结构等社会学核心命题。

在学术史上，类比和借用是经常采用的论证方式。社会学界最初关于社会的理解和认知，也主要从两个不同的知识领域来汲取营养。一个是将社会类比为有机体，比如孔德、舍弗勒、斯宾塞等主张实证主义的社会学家都认同社会在本质上如同生物一样，是个有机体，而社会分工如同生物有机

---

① 〔英〕安东尼·吉登斯、〔英〕菲利普·萨顿：《社会学》（第七版·上），赵旭东等译，北京大学出版社，2015，第81页。
② 刘少杰、王建民：《现代社会的建构与反思——西方社会建设理论的来龙去脉》，《学习与探索》2006年第3期。

体各部分的分工一样，是社会的构成要素。另一个是从建筑学、工程学、地质学等领域来找寻灵感，试图从这些科学性更强的专业中找到理解社会的线索，而这些领域无疑都有着非常丰富的结构论的观点和应用。斯宾塞在《社会学原理》一书中，虽然否认社会结构就是物质实体，但他强调一个完整的社会就是由一系列具有功能作用的"器官"连接起来的结构或者说"器官系统"（system of organs）。在斯宾赛的"社会进化论"思想中，正是规模扩大导致劳动分工和权力占有的差异。即结构变迁是功能变化引发的，而结构变迁有规模进一步扩大和结构分化两个方向，总体来看，社会进化的过程就是结构分化提高社会系统功能作用水平的过程。

社会学的奠基人之一涂尔干着迷于所生活的时代正在发生的社会转型。他对工业社会到来导致的社会混乱、对传统社会秩序的破坏有着深深的担忧和焦虑，为此而强调机械团结、有机团结两种社会组合方式的异同，并希望借由社会劳动分工维系社会正常运行。在他看来，对社会结构的分析是理解一切社会现象的出发点，因为社会优先于个人，即社会结构对于个体行动具有决定性的影响。"一个社会的社会结构由集体关系和集体表征的特殊联合与规则的形式所组成，这就给予社会以特殊的特征"。[①] 由是，就区分出了简单、未

[①] 〔英〕杰西·洛佩兹、〔英〕约翰·斯科特：《社会结构》，允春喜译，吉林人民出版社，2007，第1页。

分化的部族社会或者说机械团结的社会和个体差异较大的现代社会或者说有机团结的社会。其中，在集体关系层面，道德体系、经济体系、亲缘关系、国家结构等，都类似于身体的各个器官。为此，"社会就是一个社会躯体，有着社会关系的'构造'（anatomy）和功能联系的'生理'（physiology）"。[①] 而在"集体表征"层面，"'社会意识'是集体表征的全部体现，这是通过组成更大社会交往过程的社会化和模仿过程而引起的"。在这里，集体表征是一种纯然的精神现象，虽然集体表征能够以书籍、报刊、法律文本等外在的物质形式来呈现和可被感知。被后人称为功能主义者的涂尔干，之所以着迷于社会团结、宗教、自杀率等方面的研究，是因为他觉得超越个体的社会制度、社会组织形式等集体现象才是社会学的真正研究对象，它不能简单化约为个体行动或个人意识的集合，而是对个体行动、个人意识形成规定性作用。而他从制度和关系两个维度理解社会结构的思维传统，对列维－斯特劳斯以至福柯、布迪厄都产生了较大影响。其遇到的最大批判是，如果没有众多个体行动的集合，又何来社会的构成。在这里，个体行动与社会结构的关系恰如"先有鸡，还是先有蛋"的辩论一样，似乎陷入了一个无休止的怪圈，因为任何一方永远都能找到论证对方逻辑存在漏洞的例证。彼德·L.

---

① 〔英〕杰西·洛佩兹、〔英〕约翰·斯科特：《社会结构》，允春喜译，吉林人民出版社，2007，第1页。

伯格在《与社会学同游：人文主义的视角》一书里，就用了两章来讲这个关系，其中一章是"社会学视角——人在社会"，另一章是"社会学视角——社会在人"。其中的一些判断也很有意义地表明了二者的复杂关系，比如，他提出，"个人给自己的定位坐落在社会控制的诸多体系里，每一种社会控制体系都含有一个产生身份的设施……我们受制于社会的枷锁"。① 在另一个地方，他又提出，"社会也需要得到许多像我们一样的普通人的承认，否则它就不存在……实际上人能够对社会说'不'，而且他们常常就是这样说的"。②

沿着斯宾赛、涂尔干的思路，社会人类学家马林诺夫斯基、拉德克里夫·布朗继承发展，其主张到二战后曾经在20世纪40~60年代风靡一时，成为社会学研究的主流思想。其中，帕森斯从社会秩序这一理论起点出发，建构起了宏大的结构功能主义理论。"如果说涂尔干的社会团结学说赋予社会结构更多强制性，因而使社会性带有过分决定论意味，那么帕森斯关于社会整合的重心则转向文化系统……帕氏的社会整合思想源自他的社会均衡说及其理论表述——结构—功能论和社会系统论"。③ 他提出，社会结构可以被看作人们作

---

① 彼德·L. 伯格：《与社会学同游：人文主义的视角》，何道宽译，北京大学出版社，2014，第105页。
② 彼德·L. 伯格：《与社会学同游：人文主义的视角》，何道宽译，北京大学出版社，2014，第164页。
③ 李培林、苏国勋等：《和谐社会构建与西方社会学社会建设理论》，《社会》2005年第6期。

为相对于彼此所扮演角色的职责行动者的模式化关系的系统。他关于"外部"社会规则持续内化形成秩序，特别是社会系统模型（AGIL模型）及其四个基本能力的理论，毫不隐讳地将整体系统、外在规则等凌驾于个体行动之上。这种思想将结构、文化、制度等串联起来，以绝对外化的方式构成了一种"控制"体系，引导、规范、控制着人们的社会行为。当然，结构功能主义者也强调结构、制度、规范的"非强制性"一面，强调规范并未给社会行为树立不合理、不切实际的理想，而是以一种潜入性、更能激发自愿的方式为人们的社会行为给出了符合人们日常行为逻辑、非常具有现实操作性的期望。

帕森斯的学生默顿则提出了中层理论，用显功能、潜功能、反功能等创新性概念来弥补其老师理论中难以容纳的利益冲突、社会无序等互动现象。他非常重视社会结构研究，"总的来说，社会学致力于研究人的行为和命运如何受其所在特定的以及不断变化的社会结构和文化中的地位的影响——如果不是被严密控制的话"[①] 在他看来，"社会结构不应该被看作天衣无缝和完全一体化的。制度模式的正反共存和对立不容是社会结构与生俱来的特点"。为此，社会学家就清晰地提出"关于社会结构及其变迁、人在社会结构

---

① R. K. Merton, *Sociological Ambivalence and Other Essays*, New York: Free Press. 1976.

中的行为及其后果的，在逻辑上相互关联的，在经验上能够证实的命题和主张"。在其影响深远的"功能分析范式"中，结构分析是功能分析的自然产物。因为，功能分析描述社会现象对不同背景的后果，而结构分析是在现象所处的结构性背景中寻找决定现象的那些因素，这两种研究路向分别指向同一枚硬币的不同侧面。"社会结构是指一丛有组织的社会关系，社会或群体的成员在不同程度上都被牵连其中。"[1] 默顿在其研究中，反复强调社会结构的规定性意义。"这种社会结构制约着文化价值观，使那些在社会中处于一定地位的人容易采取与之相适应的行动，而对其他人来说，则是困难的或不可能的……对出于文化使命而采取的行动，社会结构或作为一堵障碍之墙，或作为一扇开着的门而存在"，[2]"社会结构对违反规范的人比对顺从规范的人施以更确切的压力"。[3]

需要关注的是，基于我国的政治社会传统和学术演进历程，结构功能主义或者说结构论者在中国有着数量超大的拥趸。无论是学者，还是普通人，大家都愿意在社会的规定性下讨论问题，在这些中国人的思维中"社会结构"的先定性和不可挑战性是根深蒂固的。为此，有学者激进地强调，

---

[1] Merton, R. K., *Social Theory and Social Structure*, New York: Free Press, 1968, p. 216.
[2] 〔英〕杰西·洛佩兹、〔英〕约翰·斯科特:《社会结构》，允春喜译，吉林人民出版社，2007，第1页。
[3] Merton, R. K., *Social Theory and Social Structure*, New York: Free Press, 1968, p. 186.

"破解系统论和结构功能主义论对于中国人来说尤为重要","如果社会不是一个系统，历史发展也就不会遵从任何统一的规律，任何系统性的社会理论——无论是结构功能主义、社会达尔文主义、自由主义［特别是福山（Fuku-yama 1992）提出的自由主义历史观］、马克思主义还是进步主义——都无一例外是对社会本质和历史发展规律的误解"。[1]

国际社会学界对结构功能主义的挑战，在20世纪60~70年代兴起，他们否定社会结构理论的价值，而强调要将"行动"和"实践"放到更为中心的位置，这就促使更多的社会学者主动放弃了制度结构、社会制度等方面的理论，而倾向于认同个人行为的不可通约性，将研究重心投向人们的日常活动及其相互作用的影响。甚至这种思考问题的方式都是超越学科的，比如经济学、政治学等学科也从那时起，开始关注广义的文化问题，而理性选择学派对个人行动的研究彻底模糊了经济学、社会学的分野。

另一位社会学的主要创建者马克斯·韦伯，非常希望能够解释社会变革的性质，以及其背后的动力机制。其名著《新教伦理与资本主义精神》回答了资本主义动力学问题，其思想似乎更偏向于支持以行动者为中心来建构社会。顺着这个思路，不少理论将社会行动者和社会互动置于研究的中心，符号互动论关注微观的互动行为以及意义的生产和传递；现象

---

[1] 赵鼎新：《什么是社会学》，生活·读书·新知三联书店，2021，第17页。

学则从行动者视角出发，关注人们的日常生活和日常经验变成"自然的世界"的过程；常人方法论则用互动视角来揭示社会事实是如何被社会成员创造出来并具有"似物"性质的。

虽然关于社会结构与社会行动的研究"对立"持续了很长时间，但也有一些学者试图超越结构与行动的对立困境，努力将二者纳入同一理论视角，其中安东尼·吉登斯的理论应当说是最具影响力的。他提出，"离开能动谈结构，或者离开结构谈能动，都会遮蔽社会学的视野，限制社会学的想象力，导致我们对现实的描述和解释都是片面的。出路在于寻找一种建设性的方案，把能动/结构整合到一起，既能保持两者的洞察力，同时又不局限于二元对立的简单划分"。[1] 他的理论一定程度上延续着社会学的哲学情结或者说传统。他提出了所谓的"结构化"理论——社会结构与社会行动是相互联系的而不是相互对立的。只有当人们的行为有规则和可以预测时，社会、社区或群体才有了"结构"，另外，只有个体掌握了丰富的先于个体而存在的社会结构化的知识，"行动"才是有可能的。这种理论强调"结构二重性"，认为所有的社会行动都假定结构的存在，结构也假定行为的存在，因为"结构"有赖于人类的规则化。[2]

---

[1] 〔英〕安东尼·吉登斯、〔英〕菲利普·萨顿：《社会学基本概念》（第二版），王修晓译，北京大学出版社，2019，第35页。
[2] 〔英〕安东尼·吉登斯、〔英〕菲利普·萨顿：《社会学》（第七版·上），赵旭东等译，北京大学出版社，2015，第84页。

"结构具有赋能性,不仅仅是限制和约束条件,有了结构,个体的创造性行动才有可能实现,反过来,个体的重复行动加在一起,可以再生产和改变社会结构……'结构'是协助推进社会实践的规则和资源,不是抽象、专横的外部强制力"。① 另外,埃利亚斯和布丢等学者也曾从理论上希望整合结构与行动。

西方学者自社会学产生以来,就有对社会结构和社会行动二者何者为先、何者更具有本质性的研究,似乎有点像"先有鸡还是先有蛋"或者"鸡重要还是蛋重要"的争论。这显然有着强烈的哲学意蕴和对社会学核心观点的探寻意义,恰如孔德在创立社会学之初所说,社会物理学的目的就是找出文明进步像万有引力一样必然而不可避免的自然规律。社会结构和社会行动是最基本的社会学概念和理论,对它们的探究,当然是寻找社会发展规律的题中应有之义了。

二 经典马克思主义理论中的社会结构理论

吉登斯承认,结构化理论的主要观点部分来自马克思的启发。因为马克思提出:"人们自己创造自己的历史,但是他们并不是随心所欲地创造,并不是在他们自己选定的条件

---

① 〔英〕安东尼·吉登斯、〔英〕菲利普·萨顿:《社会学基本概念》(第二版),王修晓译,北京大学出版社,2019,第35~36页。

下创造，而是在直接碰到的、既定的、从过去承继下来的条件下创造的。"①

马克思虽然较少直接用社会结构这个概念，但他对社会结构的思考是划时代的，具有穿透历史时空的理论力量。在《共产党宣言》的德文版序言中，恩格斯概括道："贯穿《宣言》的基本思想：每一历史时代的经济生产以及必然由此产生的社会结构，是该时代政治的和精神的历史的基础；因此（从原始土地公有制解体以来）全部历史都是阶级斗争的历史，即社会发展各个阶段上被剥削阶级和剥削阶级之间、被统治阶级和统治阶级之间斗争的历史；而这个斗争现在已经达到这样一个阶段，即被剥削被压迫的阶级（无产阶级），如果不同时使整个社会永远摆脱剥削、压迫和阶级斗争，就不再能使自己从剥削它压迫它的那个阶级（资产阶级）下解放出来。"为此，马克思强调把社会现象放在现实的生产关系中来分析，"以一定的方式进行生产活动的一定的个人，发生一定的社会关系和政治关系。经验的观察在任何情况下都应当根据经验来揭示社会结构和政治结构同生产的关系，而不应当带有任何神秘和思辨的色彩"。②

马克思是在人类社会进步这个最为宏大的主题下考察社会结构问题的。为此，他对社会结构的理解，根本区别于当

---

① 《马克思恩格斯选集》第1卷，人民出版社，1995年第2版，第585页。
② 《马克思恩格斯选集》第1卷，人民出版社，1972，第29页。

时的社会学家（这也是马克思不愿被称为社会学家，并耻于与同时代的社会学家并列的重要原因）对社会的狭义理解，而将更广泛的物质生产过程及由此产生的社会关系，乃至于政治制度、意识形态等纳入一个统一的结构框架下来观察，从而建构起了唯物史观这一破解人类社会发展之谜的重要工具。这一理论的基本内容是认为社会结构是社会关系的总和，其中生产关系的总和构成的经济结构是社会的现实基础。马克思在1859年《〈政治经济学批判〉序言》中对社会结构做了详细表述："人们在自己生活的社会生产中发生一定的、必然的、不以他们的意志为转移的关系，即同他们的物质生产力的一定发展阶段相适合的生产关系。这些生产力的总和构成社会的经济结构，即有法律的和政治的上层建筑竖立其上并有一定的社会意识形态与之相适应的现实基础。物质生活的生产方式制约着整个社会生活、政治生活和精神生活的过程。"可以想到，马克思强调，物质生产总是出现在特定的社会关系（即生产关系）之中，而社会生产关系控制着生产方式以及与此密切关联的法律和政治的上层建筑。由是，形成了马克思著名的经济社会结构论，即，任何社会都是由生产力与生产关系、经济基础与上层建筑形成结构框架，其中，生产力决定生产关系，经济基础决定上层建筑，而生产关系对生产力、上层建筑对经济基础又具有反作用。这些不同要素的关系之间，分别在推动社会发展变迁的过程中发挥着各自的作用和独特的功能。如果要列出这个结构中最具有能动性的变量，生产力肯定是最革命、最活跃的因素。因此，社会结构与社会发展之间具有亲密的天然联系，社会结构是解开社会发展之谜的一把钥匙。在马克思看来，社会结构中各个因素，诸如经济、政治、文化和社会生活之间的相互作用不断推动着社会发展，其中社会发展的根本动力便是生产力和生产关系、经济基础和上层建筑，以及社会存在和社会意识之间的矛盾运动。

马克思没有拒绝文化和制度结构的分析，但是他并没有将研究分析的重点放在这里，而是用大量精力来分析更为根本性的经济基础。根据唯物史观，经济关系是唯一的确定性因素呢，还是只在一定程度上是其他所有关系的坚实基础，而其他关系本身也还是能发生作用呢？恩格斯指出，历史过程中的决定性因素归根到底是现实生活中的生产和再生产。

虽然其生产力/生产关系、经济基础/上层建筑的经典模型经常被别有用心的西方理论家理解或攻击为片面的经济决定论，但透过其字里行间，马克思并没有将生产关系、上层建筑简化成一对因果关系中的因变量，他仍然非常关注并强调生产关系、上层建筑的自主性以及其对其他变量的影响。所以，他对社会结构的观察，是将制度结构与关系结构打通一并考虑的。恩格斯更是直接反驳了这种强加在他们理论上的机械决定论取向，他提出"历史过程中的决定性因素归根到底是现实生活的生产和再生产，无论马克思或我都没有肯定比这更多的东西。如果有人对此进行歪曲，说经济因素是唯一决定性的因素，那么他就是把这个命题变成毫无内容的、抽象的、荒诞无稽的空话。经济状况是基础，但是对历史斗争的进程发生影响并且在许多情况下主要决定着这一斗争的形式的，还有上层建筑的各种因素……我们自己创造着我们的历史，但是第一，我们是在十分确定的前提和条件下创造的。其中经济的前提和条件归根到底是决定性的。但是政治等等的前提和条件，甚至那些萦回于人们头脑中的传统，也起着一定的作用，虽然不是决定性的作用。"[1]

总览马克思恩格斯等经典作家的全部理论，在他们看来，对历史斗争的进程发生影响，并且在许多情况下主要决定着这一斗争的形式的，还有上层建筑的各种因素：比如宪法、各种法权形式以及政治的、法律的、哲学的理论等。这一点，后来恩格斯曾经反复说明和加以强调：第一，经济基础决定上层建筑、经济决定法律的原理，只有在归根结底的意义上才是正确的；决定和影响历史事变的因素除了经济以外，政治、法律甚至存在于人们头脑之中的传统等也起了一定作用，虽然不是决定性的作用。那种认为经济因素是唯一决定性的因素的说法是荒诞无稽的，是对马克思草率的误读和别有用心的攻讦；第二，上层建筑的各种因素在历史的发展进程中，也要受到经济基础的制约，因为这些因素并不是

---

[1] 《恩格斯致约瑟夫·布洛赫》，载《马克思恩格斯文集》第10卷，人民出版社，2009，第591～592页。

自动产生的,同时这些因素之间又相互作用。第三,为说明这一点,恩格斯在晚年还曾经专门声明,"青年们有时过分看重经济方面,这有一部分是马克思和我应当负责的。我们在反驳我们的论敌时,常常不得不强调被他们否认的主要原则,并且不是始终都有时间、地点和机会来给其他参与相互作用的因素以应有的重视"。①

马克思对于社会学、政治学以及人类社会政治实践影响更深的一个洞见是,他用阶级分析方法来研究人类社会的历史进程,并由此找到了社会进步的根本动力。"20 世纪以来,阶级理论对现实社会政治产生了极为深远的影响,也在马克思主义历史研究与解释中居于支配地位,相当程度塑造了中国马克思主义史学的基本面貌。"② 马克思和恩格斯在闻名于世的《共产党宣言》中说:"到目前为止的一切社会的历史(恩格斯在 1888 年英文版《序言》中更正补充说:'这是指有文字记载的历史')都是阶级斗争的历史。自由民和奴隶、贵族和平民、领主和农奴、行会师傅和帮工,一句话,压迫者和被压迫者,始终处于相互对立的地位,进行不断的、有时隐蔽有时公开的斗争,而每一次斗争的结局都是整个社会受到革命改造或者斗争的各阶级同归于尽。"马克思还反复强调,"过去的全部历史是阶级斗争的历史,在全部纷繁和

---

① 《马克思恩格斯文集》第 10 卷,人民出版社,2009,第 593 页。
② 赵庆云:《阶级理论与马克思主义史学》,《史学理论研究》2022 年第 3 期。

复杂的政治斗争中,问题的中心始终是社会阶级的社会和政治的统治,即旧的阶级要保持统治,新兴的阶级要争得统治"。[①]可见,从人的聚类、人群之间的关系来对人类社会进行分析,这样的思路无疑是社会结构取向的。

关于阶级结构的理论,在我国大家非常熟悉,此处不再赘述。要说明的是,随着资本主义的发展,工人阶级的构成、劳动形式、生活境遇等都发生了很大改变,所以出现了质疑马克思主义阶级理论的声音,比如,雷蒙·阿隆就提出马克思的无产阶级是一个关于"天选阶级的神话",[②]罗伯特·霍尔顿甚至断言"阶级经常被人们认为是已经死亡了",[③]但事实上,"无论资本主义社会阶级构成发生怎样的变化,都不过是雇佣劳动形式的外在调整,它改变不了工人本质上属于雇佣工人的现实,改变不了资本家与雇佣工人之间的固有关系。就是说,资本主义的阶级构成与阶级关系的变化并没有改变资本家剥削的本性,工人被剥削的命运也不会发生实质改变"。[④]换言之,马克思主义关于资本主义社会阶级结构的理论仍然是具有理论说服力的。另外,当代西方马克思主义对马克思的阶级理论进行了修正,提出当代西方资

---

① 《马克思恩格斯选集》第3卷,人民出版社,1972,第40页。
② 〔法〕雷蒙·阿隆:《知识分子的鸦片》,吕一民、顾杭译,译林出版社,2012,第62页。
③ 〔英〕戴维·李、〔英〕布赖恩·特纳主编《关于阶级的冲突——晚期工业主义不平等之辩论》,姜辉译,重庆出版社,2005,第32页。
④ 朱雪微:《对马克思无产阶级理论的辩护》,《哲学动态》2021年第10期。

本主义国家阶级结构从简单化走向复杂化,特别是出现了新中产阶级;阶级划分标准由一元标准走向多元标准,开始强调权力、知识的维度;阶级斗争方式由政治对抗走向民主运动,[①] 且不论这些观点正确与否,从理论分析的视角看,阶级分析作为马克思弘扬光大并实现理论成熟的一种解剖社会、改造社会的理论工具,后来的学者无论是继承,还是修改,抑或是批判,都自觉不自觉地承袭了马克思关于阶级结构分析的基本思路。

三 "社会结构转型是另一只看不见的手"

虽然在中国社会学的研究中,有不少学者论及社会结构这一命题,例如,费孝通先生关于中国人际关系"差序格局"的理论就是一个典型的中国式社会结构论。再比如,20世纪末开始涌现数量巨大的关于中国社会分层的研究。总体看,李培林老师是比较早的系统性、创造性地研究社会结构这一问题的学者。

在李培林看来,"社会结构就是社会诸要素及其相互关系按照一定的秩序所构成的相对稳定的网络"。[②] 他将其分为

[①] 糜海波:《当今西方马克思主义阶级理论的三大转变》,《湖北行政学院学报》2020年第1期。
[②] 李培林:《关于社会结构的问题——兼论中国传统社会的特征》,《社会学研究》1991年第1期。

三个层面，一是实体性社会结构，由作为社会实体的基本单元和要素构成。其中之一是由群体、阶级阶层、组织、社区、制度等社会基本构成要素作为单元实体组成的社会结构，另外一个是人口结构、群体结构、阶层结构、组织结构、社区结构、制度结构等作为结构实体组成的社会结构。二是规范性社会结构，由经济、政治、文化、社会关系等类别构成，属于功能层次上的。每个社会基本单元结构，都是由经济规范、政治规范、文化规范、社会关系规范组成的，也都有相应的社会实体来实现生存适应、发展达标、有序整合和维持稳定的功能要求。三是关系性社会结构。因为社会整体不是构成要素和基本单元简单相加和堆积，而是按照一定的秩序和一定的相互关系组合的，因此这种相互关系是社会结构更加本质的层面。基于这一对社会结构的看法，他提出，从总体上说，中国传统社会结构呈现高度稳定性、封闭性、刚性、整合性和二元一体性五大特征，并且五大特征互为条件、互为补充。

李培林关于社会结构的理论，没有限定在当时仍具有巨大影响的阶级阶层结构研究范围内，相反，他把社会结构放在变迁中国的大背景之下，来解释社会结构与社会变迁之间的关系。因之，他对社会结构的理解，为我们开拓了认知社会结构的另外一重天地。

"中国社会学界大概是从 20 世纪 80 年代末到 90 年代初开始讨论社会结构转型问题，尽管这个问题是社会学研究世界现代化进程的一个经典问题……相较于经济体制改革，社会结构转型是一个更加漫长、坎坷和现代化的过程。所谓社会结构转型，实际上就是工业化、城市化和现代化的过程，它暗含的假设是这些巨大的结构性变动具有一种连带的相关性。"[1] 比如，工业化初期、中期、后期分别对应人口的城市聚集、人口郊区化扩散、"逆城市化"等。在为他博得巨大学术声誉的《社会结构转型：另一只看不见的手》一文中，他提出，社会结构转型是既不同于市场调节也不同于国家干预的"另一只看不见的手"，它所形成的变革和创新力量会在很大程度上影响资源的配置状况和社会发展的方向。[2] 在他看来，"从历史上看，社会结构对资源配置的影响，比政府和市场要久远得多，在没有政府和市场的时候，社会结构就已经在发生这种影响"。此后，他继续丰富这一研究，发表了系列文章，努力从规范性理论体系的框架出发，为这一命题建立逻辑基础。他提出，社会结构的一些最基本的实体要素（如家庭组织、企业组织以及社会潜网等非正规制度）是一种特殊的资源配置形式，它们的形成受各种历史、文化和其他非经济因素的影响，而不是仅仅受"个人利己心"或"利润最大化"法则的支配，这只"手"的存在意味着要对经济学某些既定的暗含假设和前提做出新的修订。

---

[1] 李培林：《中国社会学的历史担当》，《社会学研究》2016年第5期。
[2] 李培林：《社会结构转型：另一只看不见的手》，《中国社会科学》1992年第5期。

后来，李培林进一步明确将社会结构转型、市场、政府、全球化并列为影响中国社会运行和经济成长的四种力量。① 其中，社会结构转型是一种非常重要的推动因素，"中国在转型和新旧体制交替过程中，许多微观领域出现了正式制度的空白和模糊状态，而这种空白由各种非正式制度填补。这些非正式制度由特定时空中的社会关系构成，成为影响中国经济社会生活的重要力量。所谓地方合作主义、社区自治规则、社会组织、第三部门等，都是结构转型的资源配置力量的表现形式。结构转型的力量，更重要的还表现在社会结构变动带来的巨大收益，中国较高的结构弹性成为一种比较优势"。② 这样的结构性资源配置机制，既从理论上概括了中国在改革开放过程中，因为传统体制内资源配置效率低下而出现的通过非体制性或体制边缘性资源配置而绕过制度障碍，从而提高了资源配置效能、促进经济社会发展的"中国故事"，也从特定维度表明了中国社会及文化传统与西方的异质性。"体制的适度弹性是非常重要的，一方面它可以使蕴藏在无数人内心深处的生存发展冲动释放出巨大的能量，从而产生我们在正常情况下往往低估了的创造性；另一方面它给体制的适时调整留下了充分的余地，可以让时间和实践去修订和弥补理性设计的欠缺"，并"充分利用发展中

---

① 李培林：《东方现代化与中国经验》，《社会理论》2007年第1期。
② 李培林：《中国社会结构转型对资源配置方式的影响》，《中国社会科学》1995年第1期。

国家结构变动弹性大、收益高的特点，使体制转轨与社会结构的转型相配合，不断从产业结构、就业结构和城乡结构的转变中获得较高的收益，从而形成促进体制转轨的自发性动力，使体制转轨成为一种不可逆转的趋势"①。

在很大程度上，我们旧的体制形成是当时背景下公共政策的结果。"新中国成立后，我国在计划经济体制下，把所有的人都组织在一定的单位中，建立起高度集中的、政府包管一切的社会组织体制。这种社会组织体制以'单位体制+街居体制'为特征，推动国家权力下基层……这种在计划经济体制下形成的政府全能的社会组织体制，改变了旧中国社会一盘散沙的状态，建立起高度统一的社会秩序，极大地增强了国家对社会的组织动员能力和控制能力，为我国在非常薄弱的经济基础上调动一切资源完成工业体系的建设发挥了积极的作用。然而，这种社会管理体制也存在固有的弊病，国家把一切权力集中到政府的同时，也把一切责任都集中到政府，社会被管得太死，缺乏必要的社会流动，社会自身缺乏自组织能力和自我调节的机制，缺乏活力和创造力。"② 改革开放以来，计划经济向市场经济转轨、旧的传统社会结构向新的现代社会结构转型，以双重强大推力促进了中国社会的巨变。在社会主义市场经济的条件下，家庭联产承包

---

① 李培林：《中国社会结构转型对资源配置方式的影响》，《中国社会科学》1995年第1期。
② 李培林：《我国社会组织体制的改革和未来》，《社会》2013年第3期。

责任制将生产组织功能还给家庭，从而从根本上动摇了人民公社—生产队的管理体制，村民自治的兴起导致农村社会以新的方式再组织。城市单位组织（特别是国有企业）的改革使单位人变成社会人，单位的社会性功能转交由政府或社会来承担，从而从根本上动摇了城市"单位制"的管理体制。民营经济的发展、社会大流动使熟人社会快速变成陌生人社会，民间组织的大量出现和发展使社会的组织格局发生深刻变化，可以说，一个与改革开放前迥异的新社会逐步建立。

在这个社会结构转型的过程中，也不可避免地出现了意外之果，其中部分是以社会问题、社会矛盾的方式表现的。这是因为，中国社会结构转型在时间和空间上存在叠加效应。作为一个人口超大规模、发展超快速的国家，我国存在区域发展的东、中、西"梯度发展格局"，也存在都市社会、城乡混合社会、乡村社会的"三元格局"，还出现了不同地区处于不同工业化阶段的情况。这些不同的发展阶段、不同的社会生活、不同的发展问题，都凝聚在同一个国家的同一个现实空间，这在过去的现代化历史上是罕见的。①

对于当代中国的社会结构转型，李培林始终围绕社会热点，给出自己的看法和答案。比如，对于近年我国经济增速放缓和部分社会发展指标出现转折点问题，他提出，"所谓

---

① 李培林：《中国社会学的历史担当》，《社会学研究》2016 年第 5 期。

社会结构转型，实际上就是工业化、城市化和现代化的过程，它暗含的假设是这些巨大的结构性变动具有一种连带的相关性。根据这种相关性，漫长的现代化过程可以分成几个大的阶段，比如工业化初期，对应人口大规模地向城市集中；工业化中期，对应城市的郊区化扩展；工业化后期，对应所谓'逆城市化'等。目前，虽然经济增长的下行压力加大，但社会结构转型的大船并没有因此而减速或停滞，仍在破浪前行。只不过，这种转型不再是以脚手架铺天盖地、厂房密布、高楼林立等为符号特征，它更像是一场静悄悄的革命"。他还提出了新阶段的社会转型特点和未来趋势判断，"我国现阶段的社会结构转型主要体现在这样几个方面：一是城乡之间的社会流动仍在快速进行，以各种形式表现出的非农化、城镇化走势依然强劲，无论是在经济产出、就业、居住等方面，还是在生活方式、价值观念、行为取向等层面，都是如此。二是职业之间的社会流动也在快速进行，现代服务业呈现出最为强劲的增长，第三产业的从业人员不仅超过了工业，也超过了工业和农业之和。这是一个具有标志性的转折，一个新的、庞大的所谓'白领'阶层正在形成。三是以创新为驱动力的阶层之间的社会流动正在兴起。如果说我国改革开放以来第一波社会大流动是资本驱动的，第二波社会大流动是城镇化驱动的，那么现在的第三波社会大流动就是创新驱动的，这三种社会流动是当前中国仍然充满活力的重要基础。社会流动的走势是提高社会产出、提高社会效率、增强社会成员的能力。如果非要用什么指标来阐释的话，这个大变化可能一直要持续到我国城镇化水平达到75%、第三产业人员比重达到65%、高等教育毛入学率达到60%以上才会逐步稳定下来"。①

曾经有学者概括社会学具有描述、解释、预测、实践、教育五大功能，这似乎有夸大之嫌。特别是，由于社会是个多变量、交叉影响的系统，所以社会学对于未来发展的预测，并不一定可靠。但李培林从社会结构视角对于今天中美关系的预测，却让人深为佩服。他在1995年发表的文章中提出："中国经济的崛起必然会在全世界引起各种不同的反响。对于一部分人来说，如果中国的经济能够保持持续的高速增长，那么生活在新工业化国家的人口就会比50年代增加十几亿，世界生活就会发生巨变：即从大多数人（占世界总人口3/4）生活在贫穷的农业社会转变到1/2左右的人生活在相对繁荣的工业社会。对于另一部分人来说，如果占世界1/5以上劳动力的中国实现工业化，世界经济的领先国家就必须考虑这样的中心问题：要么通过产业结构的升级为后实现工业化的国家准备足够的世界工业品市场，要么准备好进行更加残酷的国际市场竞争，并在必要的时候实行贸易保护主义。"② 在今天中美关系发生重大变化的关口，重新回头看

---

① 李培林：《社会结构弹性仍相当大》，《北京日报》2017年3月6日。
② 李培林：《中国社会结构转型对资源配置方式的影响》，《中国社会科学》1995年第1期。

李老师当年的这篇文章，不能不感慨他的预见性。要知道那是在27年前，中国经济才刚刚起步、社会结构的变化开始不久、向市场经济的转轨尚未完成之时啊。这既体现了社会学人的敏锐性和感悟力，也说明了社会学包括社会结构这个理论体系具有相当的科学性和思想性。

四　社会结构进化是现代化的重心和表征

从孔德将"秩序"和"进步"注入实证主义社会学的土壤中以来，虽然不乏类似社会冲突论、风险社会论这样的提醒人们关注社会倒退、社会停滞、社会无序等社会现象的社会学理论，但总体看，社会学家对于社会进步、社会发展、社会团结多持有积极乐观的情绪，或者说持社会进化、社会进步观点的学者还是占大多数的。甚至很多学者认为，社会冲突论、风险社会论等理论只是从社会进化的一个侧面来提供社会发展的另一种镜像。恰如著名的美国社会学家达伦多夫的"辩证冲突论"中所强调的，用冲突论来弥补功能论的不足，才能让我们增进对于社会的真实理解，才不会让我们陷入乌托邦的幻想之中。在这样的思维惯性下，滕尼斯提出了从礼俗社会向法理社会过渡的社会进化论，马克斯·韦伯提出了从传统性治理向合法性治理过渡的社会进化论，马克思提出了从不平等的阶级社会向平等的无阶级社会过渡的社会进化论，还有不少学者从社会分工和社会分化程度提高、科技与工业对社会影响程度加深等不同维度，强调了社会向更高层次、更高级别的进化。

与西方学者关于社会结构与社会行动何者更为本源的讨论不同，与西方学者对社会进化的不同角度揭示不同，东方国家由于进入工业化阶段较晚，不少国家还是在与欧美发达工业化国家的冲击—回应过程中，逐步走上了工业化的道路，学者们的思想也与西方学者有异。从世界史上看，由于工业化是现代化的第一动力，工业化诱发的社会变迁也在一定程度上具有了先验的"正确性"和"规律性"。由是，当东方各国开始加入人类社会的现代化进程中时，东方学者甚至官员对于国家发展策略、对于理想社会的实践建构和理论完善，不可避免地直接将社会结构的思考放在宏大的国家发展与社会进步背景下来分析，无疑这是欧美国家率先实现以工业化为领先标志的现代化之后，东方国家在观照本民族、本国前途命运时一种自觉的学术定向。在这方面，日本的富永健一先生和中国的陆学艺先生做出了原创性的贡献，并以其巨大的社会影响力将社会结构这一具有纯粹社会学特征的概念推广、宣传到更广泛的范围。在我国，目前，社会结构这个概念不但进入了党和国家的各类文件和公共政策，而且日益成为全社会通用的理论词语。

富永健一先生和陆学艺先生都将社会结构与现代化关联起来，认为社会结构进化是现代化的重心和表征，提出主动、积极的社会结构变迁过程就是追求现代化的过程，反过来讲，所谓现代化就是社会结构优化、社会得以进步的过程。"现代产业社会的社会结构最基本的特征，是由功能分化而产生的。这种特性把现代化、产业化开始后的社会同其前的社会鲜明地区分开来。所谓功能分化，就是原来融合着的异质的功能分离开来……异质的劳动分离开来，一一形成独立的社会群体，这就会造成结构构成要素的分化，即结构分化。现代产业社会的社会结构与以往的社会相比，就是由这种特别细的分离了的众多结构性的构成要素组成的。"①

富永健一先生是日本著名社会学家，被誉为引领日本战后社会学发展的一代宗师，曾任日本社会学会会长。他的研究多从经济社会学入手，对二战后日本经济发展特点、经济腾飞原因、社会转型等提出了一系列自己的看法，他关于日本的现代化与社会变迁的研究，突出强调了社会结构与现代化的关系，提出了所谓的新社会进化论。在他看来，社会变迁和社会结构是一个问题的两个侧面，"这是因为社会结构论与社会变迁论的内容就是平行的，两者的区别只是在于，社会结构考证空间坐标上的伸延（横断面），而社会变迁考证时间坐标上的伸延（纵断面）"。② 换言之，所谓社会变迁

---

① 〔日〕富永健一：《社会结构与社会变迁：现代化理论》，董兴华译，云南人民出版社，1988，第37页。
② 〔日〕富永健一：《社会结构与社会变迁：现代化理论》，董兴华译，云南人民出版社，1988，第88页。

其实就是社会结构发生变化的过程。更直白地说，社会变迁就是社会结构的变迁。他认为，一个社会系统中，如果大部分的社会成员认为，在系统的现行结构下，功能先决条件得到了充分的满足，就会导致维系系统现行结构的行动动机，从而形成结构—功能分析意义上的均衡。而当多数社会成员认为，现行结构下功能先决条件未能得到充分满足时，系统内部就会充斥发动改变现行结构的动机，系统的均衡性就会崩溃。社会进化会导致如下五个方面的后果，一是家庭、亲族功能的缩小，二是功能群体大量涌现，三是地域共同体解体和社区扩大，四是社会阶层平均化和向"看不见的"阶级过渡，五是国民社会和国民国家的形成。由于现代复杂社会面临的环境（国际关系、国内技术政治经济文化系统等）已强大到不能轻易改变，故唯有改变社会成员能加以控制的社会结构，社会进化才能延续。系统结构变迁将从角色分化、社区扩大、阶层结构平均化三个维度展开。这些结构变迁，分别对应提高经济生产力、寻求国外经济发展机会、增加更多的消费者三个社会进化贡献点，从而实现了社会系统的结构变迁和系统作用水平提高。这就是富永健一的新社会进化论，或者说富永健一的结构—功能主义。

五 扎根中国现实的新社会结构主义

"福武直和富永健一的社会学思想也影响了很多中国社

会学者。实际上，陆学艺先生和这两位日本学者之间一直保持着很好的学术关系，他一生中多次到访日本，并与这两位日本学者有着非常深入的交流与研讨。"[1] 正如前所述，陆学艺先生与富永健一先生都将社会结构变迁与现代化进程二者挂钩起来，认为现代化过程是社会结构优化的过程。但是，陆学艺先生与富永健一先生的部分观点、看法也存在差异。比如，陆学艺先生认为社会阶层是最重要的社会结构要素，因为关于社会结构的分析不但不能躲开关于阶层的研究，甚至要重点加以分析。而富永健一先生则认为，社会结构的构成要素中不包括社会阶层，因为阶层本身就是准社会。陆学艺先生关于社会结构的要素或者说子结构分析模块包括多个维度，他主编的《当代中国社会结构》一书就从九个子结构方面加以深度论证。而富永健一先生关于社会结构的要素性研究，则主要从家庭（基础群体）、组织（功能群体）、社区（城市和村落）、国家和国民社会（社会的五种基本类型）进行分析，但在其著名的《社会结构与社会变迁——现代化理论》一书中，他还强调了角色、制度、社会群体、社区、社会阶层、国家和国民社会等几种社会结构构成要素的变化。

虽然在陆学艺先生的研究中，能够看到其对马克思主义的社会结构理论、西方社会学中的结构理论、李培林的结构

---

[1] 李升、〔日〕佐佐木卫：《具有综合性特征的中国社会学——论陆学艺的社会学思想》，《西北师大学报》（社会科学版）2020 年第 2 期。

理论、富永健一的结构理论的吸纳和参考，他却以一种更为务实、也更为"中国化"的研究方式开拓了中国社会学结构理论的边界，形成了独特的理论框架和研究范式。事实上，陆学艺正是基于对中国国情的深刻体认和学术敏感展开自己的社会结构研究的。

曾经有人将陆学艺先生真正涉入社会结构及其变迁的时间界定为1994年前后。① 因为当年7月，他应日本青山学院邀请，赴日参加该院120周年校庆，同时举办主题为"二十一世纪的中国"的学术会议。该大学石川子教授当时给他出了个题目：中国社会结构变迁。陆学艺先生后来将这篇讲话发表于中国的《社会学研究》杂志。事实上，陆学艺先生对社会结构的关注要远早于此，只是因为此前他对"三农"问题的研究名声甚盛，许多人将其当时的一些社会结构研究归类到了"三农"名下而已。1989年，他发表的《重新认识农民问题——十年来中国农民的变化》，② 就将当时的八亿农民划分成八个阶层，应当说这已经是非常典型的社会结构研究了。此后相当长的一个时期，陆学艺先生一直非常关注社会结构、社会阶层的研究，在不同场合有关于社会结构的演讲和评论，也在自己的调查研究中关注社会结构问题。其参

---

① 颜烨：《从三农主义到结构主义——陆学艺社会学思想研究》，《西北师大学报》（社会科学版）2017年第2期。
② 陆学艺：《重新认识农民问题——十年来中国农民的变化》，《社会学研究》1989年第6期。

与领导和组织的"全国百县市经济社会调查"等课题研究，都在不同程度上采用了社会结构的研究思路。1998年11月，中国社会科学院"当代中国社会结构变迁研究"课题组正式成立，这个课题的研究延续了许多年。陆学艺先生担任课题组组长，课题组以中国社会科学院社会学研究所研究人员为骨干，包括中国社会科学院其他研究所科研人员，以及后来的北京工业大学人文社会科学学院教师等多方面学术力量。其中不少课题成员是陆学艺先生的同事和研究生。1998年，陆学艺先生卸任中国社会科学院社会学研究所所长后，直到其辞世的2013年，15年间，陆学艺先生在担任北京工业大学人文社会科学学院院长的同时，除行政事务之外的调查研究和思考写作的重点，一直是与社会结构相关的理论和现实问题研究。他们团队发表的《当代中国社会阶层研究报告》《当代中国社会流动》《当代中国社会结构》《当代中国社会建设》等一系列学术著作，在国内外学术界乃至社会各界都产生了重要影响。

陆学艺先生的社会结构思想主要包括如下。

其一，社会结构是社会学研究的核心议题。社会结构是静态现实分析的终点，又是动态现实分析的起点。社会结构是指一个国家或地区占有不同资源、机会的社会成员的组成方式和关系格局，社会结构同经济结构一样，由多个子结构组成。各子结构之间的变化存在互动关系，某一方面子结构的变化会影响其他子结构的变化。社会结构状况决定社会力量配置的高低、社会建设者质量的优劣以及社会发展空间的大小。在社会结构的若干子结构中，彼此不是割裂或简单排列的，而是存在着内部的统一性和协调性。在这个研究框架中，中国社会结构的分析包括四个层面。"第一层面是'国家—市场—社会'的国民国家体系，这构成了社会结构的最外侧框架；第二层面是'制度—规范'的制度体系，这构成了社会结构的内部维持性框架；第三层面是社会资源（收入与资产等的经济资源、权力与党的政治资源、教育与学历等的文化资源）与机会的配置体系，这构成了社会结构的动力性框架；第四层面则是设定了构成社会结构的具体领域，包括'基础要素—人口结构'、'社会整合—家庭结构·组织结构'、'空间分布—社区结构·城乡关系结构'、'生存活动—消费结构·收入分配结构·职业结构'、'社会经济地位—社会阶层结构'5个领域，陆学艺先生社会结构研究的分析对象便是这一层面设定的5个领域的现状及领域间的相互关联。"[1]

其二，阶层结构是社会结构中的核心结构，直接或间接体现其他社会子结构的状况。陆学艺先生提出，当代中国社会阶层日益分化但关系结构尚不合理。改革开放以来，中国社会日益分化，已经不是原来意义的"两阶级一阶层"了。

---

[1] 李升、〔日〕佐佐木卫：《具有综合性特征的中国社会学——论陆学艺的社会学思想》，《西北师大学报》（社会科学版）2020年第2期。

按照职业分类为基础，以组织资源、经济资源和文化资源的占有状况为标准，当代中国社会形成了十大社会阶层（和五种社会地位等级）。分别是：国家与社会管理者阶层、经理人员阶层、私营企业主阶层、专业技术人员阶层、办事人员阶层、个体工商户阶层、商业服务业员工阶层、产业工人阶层、农业劳动者阶层和城乡无业失业半失业者阶层。总体看，现代化社会阶层的基本构成成分都已具备，现代化社会流动机制（主要是自致性机制）正在形成，阶层位序基本确立。他还提出现代社会阶层结构就应该是一个"两头小中间大"的橄榄形社会结构，即中产阶层日益壮大的社会。中产化的社会是一个具有弹性稳定的社会，但中国现有的社会阶层结构还不能适应社会主义现代化发展的要求，该缩小的阶层还没有小下去，该扩大的阶层还没有大起来；而且，低阶层社会成员子女进入较高阶层的障碍在强化，社会资源有向上层积聚的趋势。

其三，中国社会结构变迁滞后于经济结构，是一个时期以来社会矛盾产生的主要原因。陆学艺先生提出，经济结构和社会结构是一个国家（或地区）最基本、最重要的结构。一般说来，经济结构变动在先，带动影响社会结构的变化，而社会结构的调整也会促进经济结构的完善和持续变化，所以两者必须协调，相辅相成。社会结构可以稍后于经济结构，但这种滞后有一个合理限度，超过了这个限度就会阻碍经济结构的持续有序的变化。这种不协调，短期来看，影响经济的持续发展；长期来看，则影响社会稳定，影响和谐社会与社会主义建设目标的最终达成，阻碍社会和经济的协调发展。现阶段的中国社会阶层结构是在经济结构调整和发展中形成的，但还是很不合理的阶层结构，还不能完全适应社会主义现代化建设发展的需要，必须采取相应的社会体制机制调整、优化社会阶层结构，使之与经济结构相匹配。改革开放以来，中国社会结构已经发生深刻的变化，但仍处于工业社会的初期阶段，而经济结构已经是工业社会的中期阶段①。根据课题组的测算，2010年前后，中国的社会结构大约滞后于经济结构15年，滞后的主要原因是没有适时地抓好社会建设和社会体制改革。正是这两个结构的不同步发展，导致当时中国社会问题和社会矛盾较为高发，社会冲突和社会对立比较明显。

其四，要通过社会建设优化社会结构，实现社会现代化。陆学艺先生提出，社会建设是指按照社会发展规律，通过有目的、有规划、有组织的行动，构建公平合理的社会利益关系，增进社会全体成员共同福祉，优化社会结构，促进社会和谐，实现社会现代化的过程。他还提出，加强社会建设是中国现代化不可逾越的必经阶段，中国已经进入以社会建设为重点的新阶段。社会建设实质就是社会现代化建设，

---

① 陆学艺：《当代中国社会结构与社会建设》，《北京工业大学学报》（社会科学版）2010年第6期，第3页。

社会建设的突破口和中心环节是要改革现行社会体制，使得政府、市场、社会三者在资源、机会配置和力量对比上达致结构性均衡。社会建设任务上，包括民生事业、社会事业、收入分配、城乡社区、社会组织、社会管理、社会规范、社会体制与社会结构九大任务。其核心任务就是要构建一个合理的现代社会结构，即不断壮大中产阶层队伍，形成中产化的橄榄形现代社会结构。在顶层设计上，要将社会体制改革作为社会建设的突破口和中心环节，他指出当前我国社会体制存在的主要问题是形成于计划经济时期的社会体制滞后于现行社会主义市场经济体制，这是经济和社会发展不协调的重要表现。在他的设想中，社会建设分为三个阶段：第一阶段是重点解决民生保障、加强和创新社会管理；第二个阶段是着力推进社会体制改革，创新社会政策，完善社会管理；第三个阶段的目标则是实现社会现代化，实现"民主法治、公平正义、诚信友爱、充满活力、安定有序，人与人和谐相处的社会主义和谐社会"。其中，在第二个阶段，"构建一个合理开放的工业社会中期阶段的社会结构，是社会建设最重要、最核心的任务。我们常说现在处于改革发展的关键时期。关键时期要做好的关键工作就是要通过社会建设，特别是社会体制改革构建一个合理的社会结构"。

陆学艺先生在为《当代中国社会结构》起草的"后记"中提出，社会结构一直是社会学研究的核心问题，但国内把社会结构作为一个整体进行综合研究的成果还不多见。为此,《当代中国社会结构》"是一本研究社会结构的著作,更是一本研究当代中国社会结构及其变迁的著作,旨在通过这项研究来剖析当代中国各种极其复杂的社会现象,解释中国社会快速变迁的深层原因,提出改革社会体制、创新社会政策、调整社会结构、促进和谐社会建设的战略和策略,以期使我们国家的社会主义现代化事业发展得更好"。可以说,陆学艺先生始终关注的一个重点研究问题是如何通过全面深化改革来促进社会结构的现代转型,最终实现社会的现代化。在陆学艺先生看来,我们今天所讲的社会建设的目标就是社会的现代化,而社会现代化的关键就是社会结构的现代转型。陆学艺先生关于社会结构与现代化的理论,为我们研究这个问题提供了最重要的路标,从而有助于我们沿着这个方向往前进发。

2016年,在"当代中国社会结构变迁研究"课题组会议上,李春玲等人提出,陆学艺先生是当代中国社会学界结构主义或者说新结构主义学派的代表。[1] 作为陆学艺先生的学生和"当代中国社会结构变迁"课题组的成员,在很大程度上,本书是作者继承陆学艺先生开创的中国社会学结构主义的研究进路,对中国社会结构问题开展持续性跟踪研究的成

---

[1] 颜烨:《从三农主义到结构主义——陆学艺社会学思想研究》,《西北师大学报》(社会科学版)2017年第2期。

果之一。景天魁老师曾经明确地指出,陆学艺先生同吴文藻、费孝通等一样,坚持实践了"植根于中国土壤之中"的学术路线,是最具中国风格的真学问者。① 这是对陆学艺先生学术品格的中肯评价和衷心认可,也对我辈提出了殷切期望,也是本书写作追求的目标。

---

① 景天魁:《"植根于中国土壤之中"的学术路线——怀念与学习陆学艺先生》,《社会学研究》2014年第3期。

第二章
剧变：中国的社会结构转型

改革开放以来，我国经济社会发展取得长足进步，实现了人类史上少有的超大规模人口整体性社会跃迁。本章提供了理性解读"中国故事"的十条结构性线索，这其实也是中国式现代化的最突出表征。

第二章
剧变：中国的社会结构转型

过去四十多年，在工业化、信息化、城镇化、市场化、经济全球化共同作用下，我国经济社会发展取得长足进步。如何理解这种人类史上少有的、超大规模人口的整体性向上跃迁？新社会结构主义提供了一个总体的框架——即用社会结构的视角、从不同的维度来观察和比较这种变化，从而看其是否符合现代化的一般规律。基于这一认识，《当代中国社会结构》一书提出了理解中国社会的九个子结构，考虑到互联网对于我国发展的深度影响，本书增加了网络社会结构的分析，从而从社会结构的十个子结构（或者说十个方面）来研究中国的进步。简言之，本章提供了解、理解中国的十条线索，这些是中国式现代化的最明显进步，也是中国式现代化的最突出表征。

经济方面的长足进步，无疑是非常具有代表性且具有实践说服力的。这是中国奇迹的重要表现。1978年，我国国内生产总值为3678.7亿元，仅占全球的1.7%，全球排名第11位。[①] 2000年，我国国内生产总值突破10万亿元，成为全球

---

① 如无特殊说明，本书所引数据均来源于历年《中国统计年鉴》和国家统计局国家数据网。

第六大经济体。2010年，我国国内生产总值突破40万亿元，超越日本，成为世界第二大经济体。2021年，我国经济总量占全球比重超过18%，连续12年居全球第二大经济体，而且与全球第一大经济体美国的差距在持续缩小，与第三大经济体日本的差距在持续拉大。近年来，我国经济对世界经济增长贡献度总体上保持在30%左右，是世界经济增长的最大和最稳定引擎。由于我国是人口大国，人均的数据指标更具有说服力。1978年，我国人均国内生产总值仅为384.7元，2021年突破8万元，达到80976元，按年平均汇率折算达12551美元，接近高收入国家的门槛。

在工业实力上，我国已经是当之无愧的世界第一大工业国，工业增加值于2010年超过美国，连续居世界首位。其中，制造业增加值从2012年的16.98万亿元提高到2021年的31.4万亿元，约占到全球的30%。① 我国还是全球唯一拥有联合国产业分类目录中所有工业门类的国家，包括41个大类、191个中类和525个小类。新冠肺炎疫情的暴发，让世界许多国家都惊讶甚至"警觉"到对我国工业产成品的依赖。从产量上看，中国是当之无愧的"世界工厂"。我国是世界第一大出口国、第二大进口国，全球贸易量世界第一。我国工业发展质量也取得巨大进步，已经掌握一批关键核心技术，在新一代信息技术、航空航天、高端装备制造、新能

---

① 《我国制造业增加值连续12年世界第一》，《人民日报》2022年3月10日。

源、新材料等领域，部分产品和技术达到国际先进水平。5G技术、高铁、超导量子计算器、高海拔宇宙线观测站、北斗导航、歼20战机、"蛟龙号"深潜器、大功率火箭、神舟飞船、绕月工程、空间站、火星探测器、"华龙一号"核电等中国工业品牌，位居世界领先地位。从工业化的进程看，虽然我们仍然"只是工业大国，而非工业强国"，但我国已经处于工业化后期。①

与此同时，我国的社会领域改革取得重大进展，民生保障和社会福利水平持续提升。根据联合国开发计划署发布的《2019年人类发展报告——超越收入、超越平均、超越当下：21世纪人类发展历程中的不平等问题》，包括中国在内的亚太地区是全球人类发展进步最快的地区，在普及宽带互联网方面处于世界领先地位，并在提高预期寿命、教育和医疗保障等方面取得了进步。根据这个报告，2000~2018年，中国收入最低的40%人口的收入，增长263%，为全人类快速减少贫困人口和终结极端贫困做出了贡献。根据其测算，1990~2018年，中国人类发展指数（HDI）从0.501跃升到0.758，增长超过了51%。人类发展指数最重要的三个指标中，国民预期寿命由69岁提高到76岁，成年人预期受教育年限由8.8年提高到13.9年，人均国民收入提升了

---

① 《李毅中：我国处于工业化的后期，而非后工业化时代》，《瞭望》（新闻周刊）2019年9月20日。

十倍多。自1990年引入人类发展指数以来，中国是世界上唯一一个从"低人类发展水平"跃升到"高人类发展水平"的国家。①

在经济社会的发展过程中，我国社会结构同步调整、不断优化，社会结构严重滞后于经济结构的状况得到了极大的扭转，"经济发展一条腿长、社会发展一条腿短"的结构性矛盾得到了很大的纠正，与工业化后期基本适应的社会结构正在形成。可以说，我国经济结构、社会结构协调程度逐步提高。以下从十个结构性视角来加以分析。

一 人口结构

人是社会最具能动性的变量，是资源和机会配置的主体和载体。人口结构是社会基础结构，对组织资源、经济资源、文化资源和机会配置起着决定性的影响作用，也是其他子结构的基础变量。"对中国这样一个十几亿人口的大国来说，人口变量是任何研究都难以回避的。中国人口总量、人口结构和人口素质的变化，会改变很多发展的结果和规则。"② 我国人口结构变化主要表现为六个方面：一是人口年

---

① 《2019年人类发展报告：中国进入"高人类发展水平"国家之列》，中国网-中国发展门户网，http://cn.chinagate.cn/news/2019-12/12/content_75504438.htm。

② 李培林：《社会学与中国社会巨变》，社会科学文献出版社，2020，第27页。

龄结构由年轻化转变为老龄化；二是少子化现象日益显现；三是人口素质结构大幅度改善，人口受教育程度有较大提升；四是流动人口快速增长进入规模调整期；五是人口性别结构由平衡到男性占比过高；六是"改革开放的孩子们"[①]一代开始成为社会中坚人群。

改革开放前，我国人口基本呈现"高出生率、高死亡率、高自然增长率"的特点。改革开放四十多年来，中国人口由1978年的9.6亿增加到2021年年底的14.1亿，共增加4.5亿人，平均每年增加1000多万人。1978年，我国人口出生率为18.25‰，死亡率为6.25‰，人口自然增长率为12.00‰。此后基本呈现缓步增长态势。1987年我国人口自然增长率达到峰值16.61‰，从1988年起进入下降通道。2021年全年出生人口1062万人，出生率为7.52‰；死亡人口1014万人，死亡率为7.18‰；自然增长率仅有0.34‰，出生总人口、人口自然增长率再创新低（见图2-1）。我国人口增长的这种变化，早期是受到计划生育政策的强影响。但随着工业化、城市化进程的加深，人们的生育意愿和世界许多发达国家经历的一样开始主动降低。目前，我国已经延续多年"低出生率、低死亡率、低自然增长率"的趋势。

从劳动人口变化看，2010年，中国劳动年龄人口达到峰

---

① 李春玲：《改革开放的孩子们：中国新生代与中国发展新时代》，《社会学研究》2019年第3期。

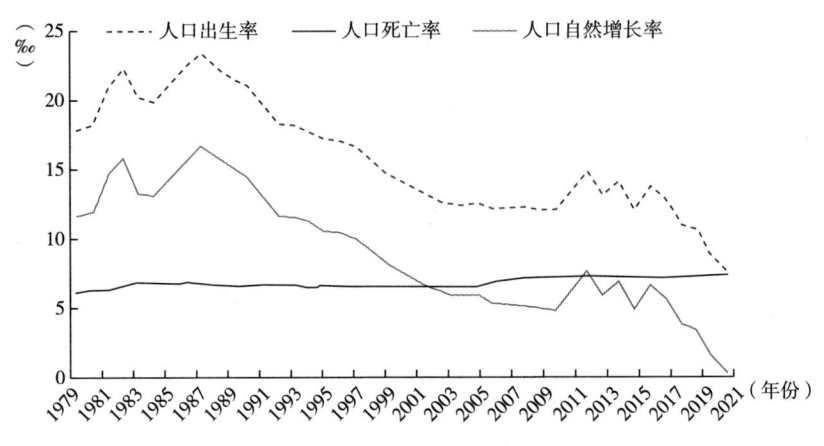

图 2-1 改革开放以来我国人口增长率变化情况
资料来源：国家统计局国家数据网。

值，每 5 个人有一个处于劳动阶段年龄，此后开始进入下降通道，基本与我国经济增速呈同步态势（2008 年到目前我国已经连续多年经济增速下降，2020 年以来受新冠肺炎疫情因素影响下降更明显）。根据联合国《世界人口展望：2017 年修订版》的预测，到 2024 年，中国和印度的人口都将达到14.4 亿人，此后印度人口总量将超过中国并持续增长，而中国人口将在 2030 年前保持基本稳定，之后人口总数缓慢下降。

根据人口总量和增长率的变化情况，我国适时调整了计划生育政策。最初是一对夫妇生育一个子女，2011 年底各地全面实施双独二孩政策，2013 年 12 月开始实施单独二孩政策，2015 年 10 月党的十八届五中全会提出实施全面二孩政策，2021 年提出实施一对夫妻可以生育三个子女政策。其间年生育率有小幅上下波动，但从总体趋势和实际效果看，生育新政并没有获得预期的积极响应。受城镇化加快、社会流动加剧、抚养成本提升、教育压力加大、女性独立意识增强等多重因素影响，多数夫妻特别是城市中青年夫妻对此反应冷淡。改革开放之初的1982年，我国的总和生育率为2.61，1990年下降至2.295，2000年降低到1.22，2010年再降至1.18，2015年跌至1.047。[①] 当前，总和生育率长期过低的状况，不仅没有好转，反而有继续下降的倾向。

出生人口减少的同时，老龄化程度进一步加深。2021年，60岁及以上人口达到2.7亿，占总人口的18.9%。其中65岁及以上人口超过2亿，占总人口的14.2%。根据国家卫生健康委发布的《2021年我国卫生健康事业发展统计公报》，全国居民人均预期寿命2021年提高到了78.2岁。[②] 14岁及以下年龄段人口由1982年的最高值33.6%，连续下降到2021年的17.5%，人口中位数不断提高。总体看，老龄化不可逆转，而且在加速发展。由此导致我国老年扶养比基本呈现持续上扬趋势，从1978年的8.0%，提高到2021年的20.8%，特别是2010年后进入快速上升期（见图2-2）。与此同时，少儿抚养比则呈现下降的趋势。

---

① 郭志刚：《中国低生育进程的主要特征——2015年1%人口抽样调查结果的启示》，《中国人口科学》2017年第4期。
② 国家卫生健康委员会：《2021年我国卫生健康事业发展统计公报》，中国政府网，2022年7月12日，http://www.gov.cn/xinwen/2022-07/12/content_5700670.htm。

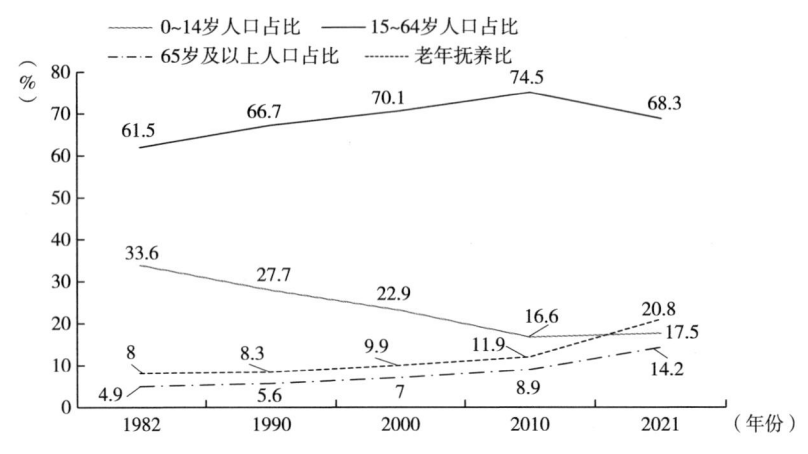

图 2-2　1982 年以来我国人口年龄结构和老年抚养比变化情况
资料来源：国家统计局国家数据网。

随着全社会整体收入水平上升，以及生活质量和卫生医疗状况的改善，我国的人口素质结构得到较大提高。在人均寿命增长的同时，婴儿死亡率由 1991 年的 50.2‰，下降到 2021 年的 5.0‰。孕产妇死亡率由 1991 年的 80/10 万，下降到 2021 年的 16.1/10 万。5 岁以下儿童死亡率由 1991 年的 61‰，下降至 2021 年的 7.1‰。特别是，我国居民饮食不足、不安全、营养不良的状况得到了根本改变，居民身心健康状况明显提升，许多指标已经达到了发达国家的水平。

与此同时，全体国民受教育年限大大延长。我国把教育事业放在优先位置，推动教育事业跨越式发展，全体社会成员的文化素质不断提高。1978 年，我国文盲、半文盲数量众多，小学升入初中比例只有 60.5%，高校在校生 85.6 万人，研究生仅 1 万人。① 经过 40 多年努力, 2021 年, 我国各级各类学校 52.93 万所, 在校生 2.91 亿人, 专任教师 1844.37 万人,② 教育规模居世界首位。学前教育毛入学率 88.1%, 小学学龄儿童净入学率保持在 99.9% 以上, 初中阶段毛入学率始终保持在 100% 以上, 高中阶段毛入学率 91.4%。各种形式的高等教育在学总规模 4430 万人, 高等教育毛入学率 57.8%。全国共招收研究生 117.65 万人。1978 年, 我国出国留学人数不到千人, 2017 年出国留学人数首次突破 60 万人, 长期保持世界最大留学生生源国地位, 也是亚洲最大的留学目的地国。我们用一代人的时间走过了西方国家近百年才完成的义务教育普及之路, 教育水平已经达到甚至超过中高收入国家的平均水平。我们在拥有全世界最大规模人口和最大数量受教育人口基础上, 进入普及高中教育和高等教育大众化阶段。劳动年龄人口平均受教育年限持续攀升。改革开放初期, 我国的劳动年龄人口平均受教育年限很低, 大概只有小学三年级的水平,③ 2021 年我国劳动年龄人口平均受教育年限达到 10.9 年。接受高等教育的人口达到 2.4 亿, 占

---

① 陈宝生:《中国教育: 波澜壮阔四十年》,《人民日报》2018 年 12 月 17 日。
② 本部分如无特殊说明, 2021 年数据均引自教育部发展规划司《2021 年全国教育事业统计主要结果》, 教育部官网, http://www.moe.gov.cn/jyb_xwfb/gzdt_gzdt/s5987/202203/t20220301_603262.html。
③ 《劳动人口平均受教育年限提高到 11.3 年! 为何提? 怎么提?》, 中国青年报客户端, http://news.cyol.com/gb/articles/2021-03/05/content_wx03zcRMA.html。

到总人口的约 17%。① 2020 年文盲率不到总人口的 2.7%。可以说，全民受教育程度、人力资源储备都达到了全新的高度。

我国经济的梯度发展战略以及国家积极的区域发展战略，极大地促进了人口的城乡流动和跨区域流动。总体看，我国流动人口的总量之大、区域之广，在人类史上都是少有的（见表 2-1）。流动人口的规模持续增加，由改革开放初的政策限制流动，到逐步出现以"农民工"为主体的流动人口，到 2021 年我国流动人口达到 3.85 亿，超过人口总数的 27%。从流动的方向上看，人口流动的总体格局是从中西部地区流向东南沿海地区、从北方流向南方地区、从农村流向城镇。人口流动的机制从"政策主导式流动"转向"市场化流动"。② 改革开放初期，我国人口流动以省内流动居多，90 年代中期后省际流动加快，近几年受新冠肺炎疫情、经济布局等因素影响，近距离、省内流动又开始增加，部分地区还出现了回流现象。

表 2-1　我国流动人口数

年份	总人口（万人）	人户分离人口（万人）	流动人口（万人）	流动人口占总人口比重（%）
1987	109300		1810	1.66
1990	114333		2135	1.87

---

① 《教育这十年系列发布会第二场：介绍党的十八大以来我国高等教育改革发展成效》，教育部官网，http://www.moe.gov.cn/fbh/live/2022/54453/。
② 陆学艺主编《当代中国社会结构》，社会科学文献出版社，2010，第 64 页。

续表

年份	总人口（万人）	人户分离人口（万人）	流动人口（万人）	流动人口占总人口比重（%）
1995	121121		7073	5.84
2000	126743	14400	12100	9.55
2005	130756		14700	11.24
2010	134091	26100	22100	16.48
2015	138326	29400	24700	17.86
2021	141260	50429	38467	27.23

资料来源：1987、1990、1995三年流动人口数引自国家人口和计划生育委员会流动人口服务管理司《2010中国流动人口发展报告》，中国人口出版社，2010，第48页；其他数据均引自《中国统计年鉴》。

从我国人口性别结构看，改革开放前我国性别比总体平衡，但从20世纪80年代开始，出生人口性别比开始拉大，部分省份还出现畸高现象，其中农村出生性别比明显高于城市。这是在计划生育条件约束下，人们受婚恋观念、就业和收入情况、家庭功能等原因影响而主动进行性别选择的结果。随着计划生育政策的日益宽松和人们观念的变化，2007年后，出生人口性别比出现了连续下降。但总体看，农村地区仍然比城镇稍高。人们通常把105±2（女=100）作为性别比的合理取值区间，同时从出生人口性别比和总人口性别比两个角度观察。从公开数据看，我国出生人口性别比中男性偏高（见表2-2）。根据全国七次人口普查数，1953年、1964年、1982年、1990年、2000年、2010年、2020年七个年份全国人口性别比（即总人口中的男女比例，女性=100）分别是107.6、105.5、106.3、106.6、106.7、105.2、105.1、总体看男性比例也偏高。从分年龄段看，"00后"一代的男女性别差最大，再加之我国婚姻存在"男方大女方小"的年龄偏好，未来20年我国男性婚配压力较大，可能出现数以千万计的"剩男"。

表2-2 我国主要年份出生人口性别比

年份	1982	1990	2000	2005	2008	2010	2015	2020	2021
出生人口性别比（女性=100）	108.5	111.1	116.9	118.6	120.6	117.9	113.5	111.3	110.9

资料来源：根据公开资料整理。

随着时间的推移，"80后""90后""00后"等改革开放后出生的中国新生代，快速在科技、就业、消费等多个方面占据主流、崭露头角甚至成为经济社会的主导力量。高速经济增长、独生子女政策、教育扩张、互联网兴起、市场化、工业化、城镇化以及全球化和中国崛起等一系列重大历史事件交织于他们的个体生命历程中，在他们成长的每个阶段影响着他们的生存机遇，形塑了他们的代际特征，凸显了他们与前辈群体的代际差异。中国新生代所引领的价值观变迁不仅仅是渐进式的"静悄悄的革命"，更是一场声势浩大、引人注目的变革，其变化速度常常令前辈群体瞠目结舌。[1]他们对于消费、婚恋、职业、社会参与等方面的态度，也将对中国产生持续深远的影响。

---

[1] 李春玲：《改革开放的孩子们：中国新生代与中国发展新时代》，《社会学研究》2019年第3期。

二 家庭结构

家庭一向被称为社会的细胞,是重要的、基础性的社会整合方式和资源配置渠道。"在现代产业社会中,核心家庭功能的缩小和亲族解体,一直随着现代化、产业化的进一步发展而发展。"① 从我国的情况看,改革开放以来,我国城乡家庭结构均发生了巨大变化,主要表现在家庭规模、家庭类型、家庭关系、家庭功能、家庭稳定性等方面。

其一,中国家庭人口的规模持续小型化,目前户均人口稳定在 2~3 人。从变化轨迹上看,从新中国成立到改革开放,我国户均人口规模在 4.3~4.5 人,呈缓慢上升态势。但改革开放后,则呈现较快的稳步下降态势,2020 年户均仅 2.62 人(见图 2-3)。分省看,平均家庭户规模最小的省份分别为上海、辽宁、北京、浙江、黑龙江,人数都小于 3 人,家庭人口最多的 5 个省份分别为西藏、海南、江西、甘肃和广西。

从变化轨迹看,20 世纪末到 21 世纪头十年,"父母+未婚子女"的标准核心家庭在家庭类型中占比最多,但近十年来这种家庭在持续减少。目前我国的家庭类型中,两人户家

---

① 〔日〕富永健一:《社会结构与社会变迁:现代化理论》,董兴华译,云南人民出版社,1988,第 88 页。

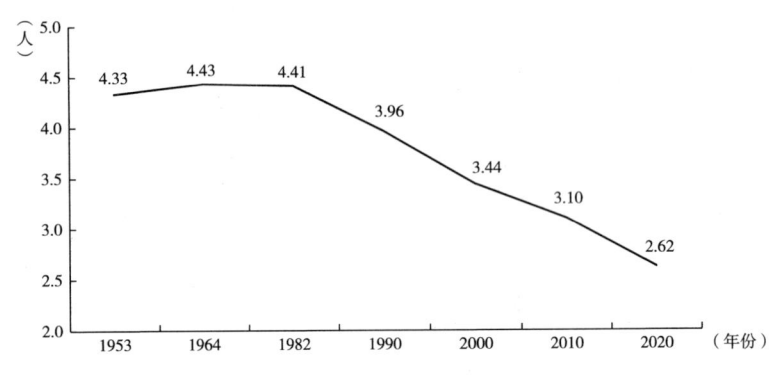

图 2-3 历次全国人口普查家庭户规模

资料来源：《2021 中国统计年鉴》。

庭占比开始跃居第一。根据国家统计局公布的数据，2020 年约 45% 的家庭人口数在两人及以下，两人户家庭占比 28.3%，超过三人户家庭 23.4% 的占比，成为最主要的家庭类型，而一人户家庭也出现较快的增长。2020 年，按家庭户分的户数中，一代户占到 49.5%，二代户占到 36.7%，中国传统社会中的大家庭、"多代同堂"现象已经很少见到了。城乡家庭规模存在差异，但差距在逐渐缩小。农村家庭的小型化以及相伴随出现的诸多家庭结构问题，有可能对中国乡村社会治理带来重大影响。"与西方国家相比较，中国家庭结构的小型化进程在早期更多是计划生育的结果。"[1] 而在市场化、世俗生活化的进程中，我国家庭内部的教育、就业、抚养情况包括观念都发生了较大的变化，传统大家庭、家族的数量开始下降。

---

[1] 陆学艺主编《当代中国社会结构》，社会科学文献出版社，2010，第 91 页。

其二，由于婚恋观念的多元化和城乡人口流动等因素共同作用，我国家庭类型已经呈现多样化的趋势。在核心家庭、主干家庭、联合家庭等标准的家庭类型之外，还存在大量的其他家庭类型，有些研究将其称为"变异家庭"，如单身家庭、单亲家庭、丁克家庭、同性家庭、非婚家庭、隔代家庭、空巢家庭、流动（漂泊）家庭，等等。一是不要孩子的丁克家庭、不结婚的单身家庭和迁移流动的漂泊家庭数量不断增多。近年来，单人户家庭呈不断增长趋势，已成为占比第三的家庭类型。其中，老年单人户家庭问题突出，极大增加了养老问题的复杂性。二是空巢家庭、隔代家庭和分离家庭的比例急剧上升。空巢期平均提前15年，往往是人到中年即空巢。① 农村中青年夫妻中一方或双方外出务工经商，把孩子留给父母照顾，使得原来的家庭处于离散状态，隔代家庭、分离家庭比重上升，形成大量留守儿童、留守妇女和留守老人。三是离婚率攀升导致单亲家庭数量越来越多。改革开放以来，我国结婚对数总体呈现增加趋势，但2013年达到峰值1346.9万对后进入下降期。离婚对数和粗离婚率则几乎呈现一路上升的趋势，直到2020年才略有下降（见表2-3）。根据《2020年民政事业发展统计公报》，2020年全年依法办理结婚登记814.3万对，比上年下降12.2%，结婚率为

---

① 龚维斌：《我国社会结构：变化、特点及风险》，《中国特色社会主义》2019年第4期。

5.8‰。依法办理离婚手续433.9万对,比上年下降7.7%,粗离婚率为3.09‰,比上年下降0.27个千分点。全社会对离婚污名化的情况明显好转,对于离婚的理解程度大为提高,年轻一代对婚姻重要性的认识整体下降。婚姻登记情况变化的一个蕴含结果,就是单亲家庭、组合家庭、无子女家庭的数量增多。在我国,未婚同居、同性婚姻并不合法,同性恋也不被主流伦理道德认可。但随着人们观念转变,这些婚恋关系正在被社会理解和逐渐接受。虽然很难对其数量进行准确估算,但大众和学者普遍认为这些非正常婚姻的数量都是在增加的。

表2-3 改革开放以来我国结婚、离婚情况

年份	结婚登记(万对)	离婚登记(万对)	粗离婚率(‰)
1978	597.8	28.5	
1985	831.3	45.8	0.44
1986	884.0	50.6	—
1987	926.7	58.2	—
1988	899.2	65.9	—
1989	937.2	75.3	0.68
1990	951.1	80.0	0.69
1991	953.6	83.1	0.72
1992	957.5	85.0	0.74
1993	915.4	91.0	0.77
1994	932.4	98.2	0.82
1995	934.1	105.6	0.88
1996	938.7	113.4	0.93
1997	914.1	119.9	0.97

续表

年份	结婚登记（万对）	离婚登记（万对）	粗离婚率（‰）
1998	891.7	119.2	0.96
1999	885.3	120.2	0.96
2000	848.5	121.3	0.96
2001	805.0	125.1	0.98
2002	786.0	117.7	0.90
2003	811.4	133.0	1.05
2004	867.2	166.5	1.28
2005	823.1	178.5	1.37
2006	945.0	191.3	1.46
2007	991.4	209.8	1.59
2008	1098.3	226.9	1.71
2009	1212.4	246.8	1.85
2010	1241.0	267.8	2
2011	1302.4	287.4	2.13
2012	1323.6	310.4	2.29
2013	1346.9	350.0	2.57
2014	1306.7	363.7	2.67
2015	1224.7	384.1	2.79
2016	1142.8	415.8	3.02
2017	1063.1	437.4	3.15
2018	1013.9	446.1	3.20
2019	927.3	470.1	3.36
2020	814.3	433.9	3.09

资料来源：国家统计局国家数据网。

其三，我国家庭关系最大的变化是家庭成员的日益平等化。虽然中国在历史上很长时期曾经在家庭内实行非常严格的父权制、夫权制，但新中国成立后推行的社会平等制度，特别是女性在法律地位和实际生活中的解放和地位提升,促进我国家庭的代际关系、同代关系、夫妻关系都开始平等化。在不少家庭中,对于购房、购车、外出旅游、出国、升学等重大家庭决策,都采用协商讨论的方式,家庭财产也不再由传统社会的"当家人"单独或为主管理。在社会主义市场经济条件下,女性社会地位和劳动参与率的提高,特别是受教育水平的提高,促使中国家庭的夫妻关系越来越趋于平权化。尽管"男高女低"(男性应当在收入、教育水平、社会地位等方面占上风)依然是中国人择偶的惯性思维,但总体上婚姻匹配方式逐渐平等化。由于女性既参与生产劳动,也在家庭中起着"中轴"作用,很多家庭中妻子的地位和作用大大提升,男尊女卑的现象在城市基本已经消失,部分家庭中男性地位下降,"家庭煮夫""妻管严"现象增多。但从普遍认可的社会分工看,"男主外、女主内"的看法仍占主流。老年人在家庭中地位下降,"父权制"传统基本被瓦解。年轻一代独立意识提高、经济自主性强、容易在快速变化时代更快接受、适应新生事物等特点,促使了家庭权力、权威的代际关系向下倾斜。传统社会的反哺式孝道观念普遍弱化,"有了儿子当儿子、有了孙子当孙子"的现象高发。在有兄弟姐妹的家庭,家庭成员"个体性"增强,家庭、家族利益不再被视为高于个体的利益,自我发展、需求满足和独立性成为家庭成员特别是年轻家庭成员的首要考虑。

其四，家庭规模与关系的变化，同时带来了家庭功能的变化。改革开放之初，农村实行家庭联产承包责任制，家庭的农业生产功能得以恢复。在国家允许和鼓励个体私营经济发展的过程中，城市也出现了一批以家庭为单位的民营经济组织。随着市场经济的深化，农村富余劳动力大量流出，农业生产机械化、专业化水平极大提高，农村耕地开始流转并向种田大户、合作社等流转。民营经济随着规模扩大，其参与经营和生产的人员也不限于家庭。大多数家庭的生产功能减弱，但消费功能日益凸显。在城市，除私营企业、个体户外，生产功能几乎被排除在家庭之外。与此同时，家庭在住房、教育、健康、娱乐、出行、家政乃至照料服务等方面需求不断高涨，家庭小型化趋势更加速了这一进程。特别是由于家庭规模过小、代际过少，以前的老年一代对晚辈的日常照料和家庭看护、年轻家庭成员对长辈的生活照护和感情慰藉，都由于非共同生活而难以得到满足。中国的家庭养老传统受到很大挑战。在这方面，由于农村的养老保障水平较低、成年人多数外出务工、寿命整体延长、农村家政业发展不足，老年人遇到了疾病困扰、经济支持不足、日常生活缺乏照顾、亲情需求难以满足等众多困难。另外，家庭的生育功能受到前所未有的冲击，在年轻人中，晚婚、晚生、少生甚至不生育成为司空见惯的现象，不少家庭宁愿养个宠物也不愿养个孩子。对有子女的家庭来说，家庭对幼小一代的养育功能仍然在起着主要作用。但养育方式由以前的

"多子女散养放养"转变成"少子女精养细养",在不少家庭中,子女的教育、生活及相关费用都在家庭预算中占相当大的份额。

最后,还要看到,与传统社会和主流价值观相比,婚姻的稳定性在下降。除了离婚率上升外,家庭结构变化导致的一些现象,也令人担忧。比如,婚姻家庭制度约束力大为减弱,婚外性行为、非法性交易持续增多,"二奶""小三""婚内出轨"等现象时有发生。部分农村地区,出现女性不合理地通过婚姻向上向外流动、当地男性娶妻彩礼畸高等情况,男性婚姻受到挤压。"宁愿坐在宝马车上哭、不愿坐在自行车上笑""笑贫不笑娼"等错误观念沉渣泛起,甚至在相当一部分人中颇有市场。这些现象,都对婚姻制度、善序良俗、社会治安甚至社会稳定造成不良影响。

三　就业与职业结构

就业是最大的民生,既是社会财富创造的过程,也是社会财富分配的过程。改革开放改变了计划经济时期就业完全由国家包办的格局,大量体制外就业机会出现。特别是社会主义市场经济体制确立后,就业日益市场化,我国就业和职业的结构发生了巨大的变化。

其一,我国就业人员总数在总量巨大基础上保持增长,享受了人口红利和就业数量红利。我国人口总数从1978年的9.6亿增加到2021年的14.1亿,其中劳动阶段年龄人口占比长期较高。根据国家统计局公布的数据中,15~64岁年龄人口1982~2000年一直占比在61.5%~70%,2001~2019年占比稳定在70%以上,2020年起略有下降,但仍保持在68%以上。就业人员数量则从1978年的4亿,一路攀升到2014年的7.6亿,此后进入缓慢下降通道,2021年我国就业人员数量为7.5亿。劳动就业人员数量多、分工细,以及就业人员占总人口比重高,为我国经济发展提供了重要的劳动力和人才资源。与此同时,在有效市场和有为政府共同努力下,我国就业市场长期保持相对稳定,除少数年份外,城镇登记失业率都在4%以下,城镇登记失业人员总量很少超过1000万人。城镇调查失业率也基本控制在5%以下,近年受经济下行、疫情等因素影响,调查失业率有爬升趋势。特别是全国16~24岁人口城镇调查失业率明显处于超警戒线的高位,应当引起高度关注。

其二,非公就业部门已经占据我国就业市场的绝对多数,体制内就业人员数量增减比较平缓;城镇就业人员占据多数,乡村就业人员数量仍然较大。传统公有制单位的就业岗位呈连续下降势头,1978年国有企业的就业人员有7451万人,在20世纪80年代的国企改革后,1995年曾达到最高点11261万人。城镇集体企业的走势也与此相似,但时间略为靠前。其1978年为2048万人,1991年达到最高点3628万人，此后一路下降，而且下滑的曲线较为陡峭。① 私营企业和个体工商户作为改革开放后新生的经济形式，其在吸纳就业中的作用不断提高，逐渐成为就业的主渠道，2019年，其占城镇就业总数的比重已经达到59.3%。计划经济时期，我国没有真正意义上的劳动力市场，就业由政府通过行政指令来进行，就业者几乎不能自由流动。随着社会主义市场经济体制的建立和推进，择业自主化、流动自由化已经成为我国就业市场的主要特点。

与此同时，在我国工业化、城镇化的进程中，城镇渐渐成为就业的主战场。1978年，乡村就业人员30638万人，占就业人员总数的76.3%，此后，乡村就业人员经历了一个增长期，到1997年达到高点49039万人（占当年就业人员总数的70.2%），之后进入总量下降期，2021年，乡村就业人员27879万人，占就业人员总数的37.3%，反映出我国城镇化渐与工业化同步的就业特征。要看到，与劳动产出和收益相比、与同等发展水平的国家相比，我国乡村就业人员数量，特别是直接从事农业生产经营的人员总量仍然过大。

其三，就业和职业结构的双重趋高级化。② 就业结构趋高级化是指劳动就业者总体上从"一产"到"二产"再到"三产"的演进过程，其体现的是产业向高层次转化进程中

---

① 陆学艺主编《当代中国社会结构》，社会科学文献出版社，2010，第137页。
② 陆学艺主编《当代中国社会结构》，社会科学文献出版社，2010，第137页。

劳动岗位的生成和就业的升级趋向。职业结构趋高级化则是指就业人员整体性的职业岗位劳动复杂性和知识含量的提升。前者主要通过一、二、三产就业人员比例来考察，后者主要通过就业人员在不同行业之间的分布来考察。1978年，我国第一产业就业人员占比高达70.5%，第二产业、第三产业只占17.3%、12.2%。此后，我国第一产业就业人员占比连续下降，第二产业就业人员占比在经历长期增加于2012年达到峰值30.4%后进入慢速减少通道，而第三产业就业人员占比则呈现一路上升态势。2021年，我国第一产业就业人员占22.9%，第二产业就业人员占29.1%，第三产业就业人员占48.0%。[①] 从行业看就业的趋势，农、林、牧、渔业就业人员数量持续下降；采矿业、建筑业、制造业、住宿和餐饮业就业人员2013年前呈增加态势，此后进入下降阶段；金融业，房地产业，信息传输、软件和信息技术服务业，交通运输、仓储和邮政业，批发和零售业，租赁和商业服务业，科学研究和技术服务业等产业就业人员总体呈现数量增加态势；与民生关系密切的教育，卫生和社会工作，居民服务、修理和其他服务业，公共管理、社会保障和社会组织等行业就业人员总量也不断攀升。观察发现，改革开放以来，我国居民整体就业的劳动强度在下降，劳动环境和劳动保护在不

---

① 《2021年度人力资源和社会保障事业发展统计公报》，人力资源和社会保障部官网，2022年6月7日，http：//www.mohrss.gov.cn/xxgk2020/fdzdgknr/ghtj/tj/ndtj/202206/W020220607572932236389.pdf。

断改善，劳动收入也在增加，同时劳动的知识性要求和专业化要求在上升。这些都是就业、职业趋高级化的生动反映。

其四，农民工成为我国就业队伍中的一支大军，如何进一步改善这个就业群体的生产生活状况，考验政府和社会的智慧。农民工是我国特有的社会现象，是城乡二元背景下农村劳动力富余、进城进厂寻求发展机会但国家户籍制度横亘在城乡之间的产物。"农民工现象"是 20 世纪 80 年代初伴随乡镇企业的兴起而出现的，而"农民工问题"则是进入 90 年代以后因农民工体制改革滞后而出现的。[1] 1992 年初邓小平"南方谈话"后农民工外出涌现高潮。1994 年，劳动部印发《农村劳动力跨省流动就业管理暂行规定》，要求对农民工跨地区流动实行就业证卡管理。1995 年，中央社会治安综合治理委员会印发《关于加强流动人口管理工作的意见》，推出统一的农民工就业证和暂住证制度。进入 21 世纪后，农民工问题日益引起党和政府关注，从 2003 年起农民工政策发生重大变革，废止收容遣送法规，国家就取消农民工流动卡证管理、改善农民工工作条件、保护农民工工资收入等权益连续发文。各级领导人亲自帮助农民工讨要工资、帮助农民工春节返乡、帮助农民工解决环境健康等事件，曾引起社会普遍的热议和好评。2021 年，全国农民工总量达到 29251 万

---

[1] 陆学艺：《农民工问题要从根本上治理》，《特区理论与实践》2003 年第 7 期。

人，占到全国就业人员的 39.2%，"80 后""90 后"作为二代农民工已经成为农民工的主力（见表 2-4）。其就业主要集中在民营经济领域，多数在中小企业或个体工商户中务工。就业领域集中于制造业、批发零售业、住宿餐饮业、社会服务业和建筑业，近年来跨省流动就业速度有所下降。虽然与 20 世纪相比，农民工的收入状况、生活水平、劳动条件等都有了极大的改善，但总体看劳动时间长、劳动强度大、劳动保障不足，长期以来他们不能享受到城市政府提供的基本公共服务，农民工及其子女仍然在就业、教育、医疗、养老等众多领域受到不合理的社会排斥。在几次经济下行过程中，都出现了数量不少的农民工返乡潮，农民工在城镇贡献青春和汗水的同时没有得到应有的待遇和尊重。从长远看，如何解决好这个群体的未来出路、整体提升他们的经济社会地位特别是实现他们的城市融入，是我国现代化进程中必须认真处理好的问题。

表 2-4 2013 年以来农民工基本情况

年份	农民工规模（万人）	本地农民工规模（万人）	外出农民工规模（万人）	跨省流动农民工规模（万人）	农民工月均收入（元）
2013	26894	10284	16610	7739	2609
2014	27395	10574	16821	7867	2864
2015	27747	10863	16884	7745	3072
2016	28171	11237	16934	7666	3275
2017	28652	11467	17185	7675	3485
2018	28836	11570	17266	7594	3721

续表

年份	农民工规模（万人）	本地农民工规模（万人）	外出农民工规模（万人）	跨省流动农民工规模（万人）	农民工月均收入（元）
2019	29077	11652	17425	7508	3962
2020	28560	11601	16959	7052	4072
2021	29251	12079	17172		4432

资料来源：国家统计局国家数据网。

其五，近年来就业市场和内外部环境出现一些新情况、新挑战，对我国的就业形势产生冲击，也影响到我国就业和职业结构的进一步优化。2008年由美国诱发、席卷全球的金融危机，对我国的产业发展、就业市场产生较大冲击。在"保增长、保民生、保稳定"的战略部署推动下，我国快速扭转就业下滑趋势。但从2012年开始，劳动力供求关系和就业形势开始变化。2012年、2017年、2018年三个年份，劳动年龄人口总量、劳动力总量以及全国就业人员数分别出现负增长，农村富余劳动力转移速度趋缓，劳动力供给总量逐年减少，长期困扰我国的就业总量性矛盾得到缓解，但就业的结构性和摩擦性矛盾日益突出。自2014年开始，我国形成了"三二一"就业模式，表明我国的就业结构已经逐步变成与工业化后期阶段相适应的现代就业格局。党的十八大以来，我国经济发展进入新常态，在下行压力增大的同时开展供给侧结构性改革，取得了积极成效，保持了就业态势基本平稳，没有出现大规模的失业现象。但从总体来看，由于就业基数大、产业与就业存在结构性偏离、国内外发展环境快速变化等多重原因，我国就业压力仍然较大，就业、职业结构的调整面临新的形势。

首先，以互联网和人工智能为代表的新技术正在重塑新一轮社会经济格局。新技术革命对就业的影响通常具有两面性，既有"替代效应"，也有"创造效应"，这两种效应正在我国人力资源市场上叠加显现。[①] 从新技术进步对就业的创造效应看，技术革新和进步催生出一批新业态、新岗位，拓展新的更广阔的就业空间，就业的灵活性、个性化特征也会越来越明显。一些新的就业形态，如网约车司机、快递"小哥"、外卖"骑手"、网约工、网络主播以及其他灵活就业人员数量飙升，规模已达数千万人。从新技术对就业的替代效应看，技术进步可能导致短期内技术性失业风险增加。技术革新和进步推动传统产业生产、管理和营销模式变革，以"机器换人"等形式直接替换劳动，势必导致一些岗位被淘汰。随着自动化加快，一线操作岗位减少，海尔、美的、京东等企业已经打造出成熟的无人工厂、无人仓储，实现生产全流程的自动化。无人机、无人驾驶、无人超市等依托人工智能的生产和经营方式的逐步推广，还将导致短期内就业岗位的减少。

其次，2020年突发的新冠肺炎疫情，给社会生活正常运行特别是就业带来极大的压力。与之构成替补的网络经济则迎来又一轮大爆炸，居家网上工作、网上学习、网上会议、

---

① 龚维斌：《我国社会结构：变化、特点及风险》，《中国特色社会主义研究》2019年第4期。

网购、外卖等增速惊人。2016年起我国政府工作报告首次明确提出"培育壮大新动能，加快发展新经济"，要求"发展分享经济，促进互联网和经济社会融合发展"，结合政府"放管服改革"，鼓励"大众创业、万众创新"。再结合近年"新基建"①的加速，5G、人工智能、工业互联网、物联网、无人驾驶等科技创新，我国的就业、职业结构还将发生更大的调整。

再次，国际关系不可避免地对国内经济和就业产生影响。自2018年中美贸易摩擦开始，美国对我国发展出现认知偏差。2018年下半年以来，我们坚持稳中求进的工作主基调，党中央、国务院将就业政策放在宏观政策之首，要求千方百计稳定就业，挖掘潜力、创造机会确保新增就业需求。2019年提出"六稳"、2020年提出"六保"，都将就业问题放在突出位置。另外，俄乌冲突的爆发、地缘关系的复杂化、国际贸易和供应链价值链风险的上升，都将对我国的就业和职业结构演化产生持久而深远的影响。

最后，未来一个时期我国的就业供求关系也将产生新的变化。从我国多数农村地区来看，随着人口外流、就业观念、农业生产方式的变化，年轻一代从事农业生产的人越来越少，职业农民的年龄绝大多数在40岁以上。从地区分布来看，东南沿海地区用工，特别是大中型企业用工规模明显

---

① 2020年3月4日，中共中央政治局常务委员会会议强调，要加快5G网络、数据中心等新型基础设施建设进度。

萎缩。中西部和东北地区就业压力也很大。每年规模近千万的高校毕业生、上亿农民工以及复转军人还在源源不断进入劳动力市场，政府导向已经由"稳就业"改为"保就业"，并将就业放在最重要的位置。

四 城乡结构

城乡结构是最具有中国特色的社会结构。1978年我国城镇化率只有17.9%；2011年达到51.3%，生活在城市的人口首次超过农村；2021年末常住人口城镇化率达到64.7%。过去四十多年，我国城镇常住人口从1.7亿快速增至9.1亿，净增加7.4亿，是数千年中华民族历史未有之大变局，实现了从乡土中国到城市中国质的飞跃。城镇化深刻地改变了中国甚至世界的经济社会格局，极大促进了大规模基建、房地产业、消费升级、公共服务等方面的发展。我国的城镇化率已高于世界平均水平（55.3%），接近中高收入经济体（65.2%）的水平。虽然仍然存在城乡之间的发展差异，但以户籍制度为基础的城乡二元结构已经得到根本的扭转。城乡二元结构既是我国经济社会发展的结果，也反过来为经济增长、社会进步提供了动能和推力。

我国快速的城镇化，既是人口流动的结果，也是国家城镇化发展战略以及城市扩张的结果。"在1996年前特别是80年代，国家并不鼓励城镇化，对农村流动人口进城务工经商，采取非常保守的政策，认为农村人口更多的是要通过就地非农化。"① 1997年国家正式提出城镇化战略,对农村人口进城和农民工的发展渐持正面积极的看法。2003年国家取消收容遣返制度,将农村流动人口斥为"盲流"加以限制严管的做法被逐步取消。21世纪初,我国加入世界贸易组织,极大促进了一批工业城市的崛起和农民进城务工。2013年12月,中央城镇化工作会议召开,我国城镇化进入新的发展阶段。在城镇化过程中,我国大中小城市、小城镇得到不同程度的发展,城市建成区面积大幅度扩展,城市数量迅速增加,而且出现人口和资源加速向大城市、城市群聚集的态势。特别是提出并实施新型城镇化战略,城镇化水平和质量得到大幅提升,户籍人口城镇化率和农业转移人口市民化程度得到提高。随着户籍制度改革不断突破,1亿农业转移人口和其他常住人口在城镇落户目标顺利实现,居住证制度在全国全面实施。《国家新型城镇化规划(2014—2020年)》明确提出,优化提升东部地区城市群、培育发展中西部地区城市群以及建立城市群发展协调机制,并提出将城市群作为我国推进城镇化的主体形态。目前,我国"19+2"的城市群格局基本形成,中心城市和城市群正成为承载发展要素的主要空间形式。"两横三纵"的城镇化战略格局基本形成,中心城市和城市群已经成为全国高质量发展的动力源,京津冀、长三角、珠三角等城市群的国际竞争力显著增强。2020年末城市

---

① 陆学艺主编《当代中国社会结构》,社会科学文献出版社,2010,第270页。

增至685个,地级及以上城市297个,城市市辖区年末总人口为100万以上的地级及以上城市164个。城市建成区面积由2004年的30406.2平方公里增长到2021年的60721.3平方公里;2021年全国城区面积达到186628.9平方公里。目前,我国的城镇化仍在延续,并呈现区域间发展不平衡的状况。

农村地区发展总体上滞后于城镇,部分农村地区还出现了衰败现象。虽然国家着力实现城乡共同发展,并先后开展了大规模的新农村建设、精准扶贫、乡村振兴等促进农村全面发展的重大战略,但农村发展仍然面临较多的困难。其中最重要的问题是农村人口持续大规模向外流出。当然,我国的农村地区也出现了不同程度的分化,不同地域的农村差异很大。珠三角、长三角、闽东南、山东沿海等经济发达地区,已经初步实现城乡一体化,城乡居民的公共服务、基础设施、生活水平差别已经很小。少数集体经济发达的"超级村庄"的经济实力和居民富裕程度,已经超过城市。由于城市发展的曲折性,不少地区城中有村、村中有城,甚至"村庄"中的外来人口远远超过本地人口。这种情况多见于大城市周边的城乡接合部,也有部分"城中村"位于城市的繁华地带。但是,大量的中西部地区、东北地区和边远地区的农村,不同程度地存在人口过疏化和老龄化、产业空壳化、集体空置化、环境脏乱差的衰败现象,相当一些地方的农村仍然缺少生机和活力。

与以前农村向城市的单向流动、农村人对城市生活的无限向往相比,近十年的城乡流动出现一些新的动向。在国家新型城镇化政策强力推动、城市发展思路改变、拉动地方经济和房地产业等多重力量推动下,近十年我国城市（除北京、上海等极少数城市外）的大门基本全部打开,甚至出现了所谓的"抢人"大战。[①] 而且门槛越来越低,"抢人"从抢人才、抢年轻人、抢大学生到抢所有人,部分城市户籍管理部门为了完成考核指标,甚至帮助落户人员解决政策中要求的固定住房、固定职业、缴纳社保、亲属随迁等条件。

与之形成鲜明对比的是,"城外的人"却开始挑挑拣拣。北上广深等特大城市仍然是人们向往的热点城市,因其工作和发展机会多,城市基础设施和基本公共服务好。这些城市虽然生活成本高、工作压力大,但由于其整体条件和在中国发展所处的"势能"较好,受到社会各界特别是青年人的青睐。因为这些城市的购房、子女上学、购车、社保等与户籍挂钩,所以这些城市户口也为一种稀缺资源,很难获得。如果说一线城市户口最具吸引力、二线城市户口颇具吸引力的话,那么大量的三线及以下城市特别是小城市、城镇户口的"含金量"则不足,吸引力不断下降。近些年,农村税费彻底终结,在乡村振兴大背景下惠农、强农政策大量出台实施,"三农"收益有所上升。拥有农村户口,则意味着可以享有承包耕地和

[①] 任泽平、熊柴、闫凯:《中国城市"抢人大战"的本质》,公众号泽平宏观:zepinghongguan。

宅基地权利，享有农村集体收入的分红，也享有农村土地房屋被征用拆迁时数额可观的补偿，保有农村户籍已经成为除边远地区外许多地方农民的理性选择。而解决子女上学等难题，则可以通过"一家两制"①、居住证等方式便宜地解决。近年来，考上大学后不再把户口迁移到城市的大学生数量也在增加。

五 区域结构

我国的改革开放是按照东、中、西部梯度发展设想和规划的。② 1999 年以来，我们在实践中逐步形成了东部率先发

---

① 为了既不失去农村利益，又能够享受到城市较为优质的教育等资源，部分地方农民进城，不再是整家整户迁移。而是把夫妻一方（一般多为妻子）的户籍办到城里。这样，孩子就可以在城市上学、在城市买房了。
② 邓小平同志 1985 年 10 月 23 日会见美国时代公司组织的美国高级企业家代表团时说：一部分地区、一部分人可以先富起来，带动和帮助其他地区、其他的人，逐步达到共同富裕。此后，他在 1986 年 3 月 28 日在会见新西兰总理朗伊时说：我们的政策是让一部分人、一部分地区先富起来，以带动和帮助落后的地区，先进地区帮助落后地区是一个义务。1986 年 8 月 19～21 日在天津听取汇报和进行视察的过程中，他再次提出：我的一贯主张是，让一部分人、一部分地区先富起来，大原则是共同富裕。一部分地区发展快一点，带动大部分地区，这是加速发展、达到共同富裕的捷径。分别参见《邓小平文选》第三卷，人民出版社，1993，第 149、155、166 页。1988 年 9 月 12日，他在听取关于价格和工资改革初步方案汇报时提出了著名的"两个大局观"。即：沿海地区要加快对外开放，使这个拥有两亿人口的广大地带较快地先发展起来，从而带动内地更好地发展，这是一个事关大局的问题。内地要顾全这个大局。反过来，发展到一定的时候，又要求沿海拿出更多力量来帮助内地发展，这也是个大局。那时沿海也要服从这个大局。参见《邓小平文选》第三卷，人民出版社，1993，第 277～278 页。

展、西部大开发、中部地区崛起、振兴东北地区等老工业基地四大区域发展战略。改革开放过程中，在经济特区、沿海开放城市和沿海经济开发区率先发展取得一定成效、东部地区率先发展的基础上，2000年国家提出实施西部大开发战略，2003年提出实施东北地区等老工业基地振兴战略，2006年开始实施促进中部地区崛起战略。2011年起，国家实施《全国主体功能区规划》，将国土空间划分为优化开发区、重点开发区、限制开发区和禁止开发区四种类型，并实行不同的空间开发、产业布局、人口集聚、生态环保、财政和投资等政策。

党的十八大以来，习近平总书记亲自谋划、亲自部署、亲自推动，先后提出"一带一路"倡议、京津冀协同发展、长江经济带、粤港澳大湾区建设、长江三角洲区域一体化、黄河流域生态保护和高质量发展、海南自由贸易实验区和海南自由贸易港、高标准高质量建设雄安新区、支持北京城市副中心建设、成渝地区双城经济圈、西部陆海新通道、支持老少边穷地区加快发展等一系列事关中华民族长远发展大计的区域发展战略，并将西部大开发、中部地区高质量发展推进到新的发展阶段。可以说，为了促进区域协调发展，我国在区域结构调整方面做了大量开创性的工作，区域发展总体战略不断充实完善，东西南北纵横联动的发展新格局正在形成，条状、块状发展的态势已经超越局部点状发展，形成新的协调发展、平衡发展新局面。

在国家战略和市场化的双重推力下，我国区域间的人口分布、产业布局、就业结构、区域内差距、社会生活等也在发生着改变。

其一是人口分布和流动出现一些新的特点。"从人口时空分布的总体格局看，自新中国成立以来，'胡焕庸线'两侧人口占比维持'东多西少'格局未变……从人口时空分布的扩张方向看，全国人口分布重心始终位于'胡焕庸线'以东，改革开放以后大体保持朝西南方向小幅移动的态势，基于全国地理质心点计算的各方位人口扩张强度的高值呈现先东北、后东南的变动趋势"。[①] 我国人口区域分布总体格局没有发生根本变化，但人口流动出现新趋势。20世纪80年代以来，我国流动人口规模变动可大致分为三个时期：80年代初至80年代末是流动开始期，农村富余劳动力逐步向城市流动；1990～2010年是快速增长期，乡城流动人口以年均12%的速度大幅增长，流动人口由1990年的2135万人增加到2010年的22143万人；第三个时期是2011年以来，流动人口数量增长相对缓和，部分年份出现下降。特别是近年跨区域、跨省流动的农民工数量减少，本区域、本省、本地就业出现增长。从输入地看，在东部地区就业的农民工有所减少，在中部地区、西部地区就业的农民工数量则有所增加，

[①] 尹德挺、袁尚：《新中国70年来人口分布变迁研究——基于"胡焕庸线"的空间定量分析》，《中国人口科学》2019年第5期。

本地农民工的增速要高于外出农民工。另外，从区域人口流出情况看，东北地区近年人口持续流出。

其二是南北发展差距的拉大及我国经济中心的迁移。我国经济的东西差距已经为南北差距所替代，这体现在如下几个方面：一是人口北疏南密趋势更加明显。自2013年以来，随着南方如安徽、江西、贵州、广西、云南等地经济增速上升，这些地方的人口稳定下来。但北方如甘肃、青海、内蒙古、宁夏、山西、河南等地大学毕业生，却偏向于到南方就业与落户。①除西安外北方多数城市，基本没有享受到户籍制度改革的红利，东北地区更是人口持续流出。二是经济增长的总量和增速都体现出南强北弱状况。北方多数省份的GDP规模与广东、江苏、浙江等发达省份差距进一步拉大。而且近年南方各省增长提速，北方省份普遍增长乏力。三是资本等生产要素向南方集中。不但北方资本总额年均增速慢于南方，而且民间投资的热情与实际投向也体现出南方偏向。国家向北方地区刻意注资、投资的导向并没能扭转这个趋势。四是产业北向转移动力明显不足。从生产要素价值看，多数北方地区在土地价格、劳动力成本方面要低于南方。但从现实情况看，无论是市场资源自发配置，还是国家产业引导，都没能大规模吸引南方产业向北方转移。在多元因素共同作用下，我国区域发展的东西差距正让位于南北差

---

① 张翼等：《南北发展差距的增大及其治理》，未刊稿。

距。2016 年，中国北方地区经济规模占全国比重首次下降到 40% 以下，而这种分化趋势还在加剧。

其三是区域发展呈现梯度跨越"中等收入陷阱"[1]的发展格局。[2] 我国幅员辽阔，各地发展程度有异，再加之梯度发展的战略思路，各地不可能齐头并进，而是呈现继起发展、渐次达到高收入水平的态势。目前，从人均 GDP 看，北京市、上海市、江苏省、浙江省、福建省、广东省、天津市等省市都已经跨过"中等收入陷阱"，进入高收入地区行列。而如果以城市为单位，许多中小城市，如江阴、昆山、义乌、顺德、番禺等地人均 GDP 都达到很高水平。如果没有特别重大的因素影响，未来一个时期，我国不论是从人口上还是从区域上，仍然会有更多人、更多地区梯次跨入高收入水平。

---

[1] 由世界银行最早在《东亚经济发展报告（2006）》提出。指不少低收入国家进入中等收入水平之后，很难再进入并保持在高收入水平国家行列。第二次世界大战以来，只有韩国、日本、以色列、中国香港等少数国家和地区实现了这一飞跃。虽然对低收入、中等收入、高收入的划分标准存在很大争议，但一般会认为人均国民收入是衡量一个国家富裕程度及其在各个组别中所处位置的主要指标。目前，一般会认为人均 GDP 4000～12000 美元是中等收入大致取值区间。根据世界银行公布的 2020 年国别收入分类标准，2020 年四个组别人均国民总收入门槛分别是：低收入：不到 1036 美元；中等偏下收入：1036～4045 美元；中等偏上收入：4046～12535 美元；高收入：高于 12535 美元。引自世界经济论坛网，https://cn.weforum.org/agenda/2020/08/shi-jie-yin-hang-2020-nian-guo-bie-shou-ru-fen-lei-xiang-jie/。

[2] 刘应杰：《中国区域发展新格局的四个问题思考》，《区域经济评论》2020 年第 3 期。

其四是我国区域发展均衡程度取得新的进展。在国家战略和公共政策的大力支持下，内地、老少边穷地区、农村地区的交通和通信基础设施建设步伐加快，人流、物流、信息流等生产要素流动更加顺畅。国家加大了对中西部地区、贫困地区的财政转移支付力度和政策支持力度，省际对口协作帮扶和区际生态补偿机制越发成熟，东西部基础设施、公共服务均等化程度提高，差距扩大势头有所遏制。特别是近几年，中西部地区部分省份的经济增速居全国前列，在逐步缩小与东部地区的差距。东部地区增速放缓，产业转型升级迈出重要步伐，科技创新、经济高质量发展、培育经济发展新动能出现喜人景象。建立在区域条件、地理、资源、市场比较优势基础上的产业分工和价值链延伸、分工协作与互动的新发展格局正在形成。

其五是区域经济差别正在演化成区域社会差别。这主要体现在区域内部的同质化程度提升、合作常态化、内部生产要素高频流动，还体现在区域内部的基础设施、公共服务水平趋同以及市场规则、行为方式、生活方式和整体文化的趋同。特别是在中央和地方对生产资料与市场机会整合的双重推动下，区域内部一体化速度加快，党政高层、政府部门、企业之间甚至普通群众交往都已经非常普遍和机制化。以往大型城市"大树底下不长草"、发达地区对周边地区资源形成"虹吸效应"，形成众星捧月、一花独放现象，目前这个情况得到很大改变，区域内部资源双向流动、各自发挥比较优势的新局面已经显现。与此同时，各区域、各省份之间在经济差距之上，开始形成居民生活水平和社会福利差距，进而发展成社会规则与文化差距。比如，近年反复被提到的"投资不出山海关""山东发展为何落后了""安徽合肥重视新科技新产业"等热点讨论，虽然有一定的偏颇之处，但都提到了当地的营商环境、官场作风、社会风气（比如喝酒之风等）、群众素质等。虽然各地都把改进营商环境、招商引资放在无比重要的地位，但长期形成的地方潜规则、软环境等"冰冻三尺绝非一日之寒"，这已经显示出社会环境而非经济环境的竞争，正成为区域发展的核心要素。

其六是区域发展面临新形势新压力。政绩导向下的区域、地方竞争导致各地经济出现盲动和冲动，特别是在近年经济增长乏力、疫情雪上加霜的背景下，空间利用不科学不经济、土地等资源开发不集约不节约、产业布局和增长模式同质化等现象还比较普遍。区域开发缺乏有效管控，资源环境保护压力较大。部分地区尤其是老少边穷地区、资源枯竭地区、老工业基地等区域，各种资源特别是人才资源流出态势仍在延续，区域间、省份间、城市间、城乡间发展不平衡的状况要根本性改变仍然需要坚持不懈的努力。

六　社会的组织结构

"人的本质是一切社会关系的总和。"人是社会化的高级动物，需要一定的组织形式组织起来，以更好地满足生存和发展需求。如何把国民有效、有序、有活力地组织起来，为国家发展和个体进步提供社会基础；换言之，形成什么样的社会的组织结构（这样拗口的表达，是希望与社会组织的结构相区分），是现代国家都要高度重视的国家建构任务。[①] 事实上，如何将全体国民或者说社会成员组织起来，与政治民主、经济结构、社会生活、文化形态都高度关联。[②]

近年来，我国社会的组织方式由改革开放以来的"去组织化"和"自组织化"向着"再组织化"的方向发展，使得社会的组织结构出现了新的特点。[③] 1978 年以后，在社会成员自觉行动和政策推动下，人们突破传统的"单位制"组织束缚，开始按照自己的意愿、利益和兴趣"重新组织"。在社会主义市场经济改革导向、社会空间逐步开放、科技与

---

① 1949 年 9 月 30 日，毛泽东主席受中国人民政治协商会议第一次全体会议委托，起草了题为"中国人民大团结万岁"的会议宣言，其中就提出，"全国同胞们，我们应当进一步组织起来。我们应当将全中国绝大多数人组织在政治、军事、经济、文化及其他各种组织里，克服旧中国散漫无组织的状态……"参见《毛泽东选集》第五卷，人民出版社，1977，第 9~10 页。而在中国曾经洛阳纸贵的《论美国的民主》一书，是在 19 世纪 30 年代法国爆发大革命、新旧势力交锋的大背景下，思想家托克维尔带着好奇和赞赏之心，通过对美国的实地考察，解释美国是如何将民众组织起来、美国是如何运转的一本社会学、政治学名著。

② 家庭作为一种社会的初级组织，也是一种社会的组织方式。由于前文已经述及，本部分不再赘述。另外，社会成员间大量不具有严密管理和严格规则的日常化组织（如球友会、广场舞队等），我们也不论及。

③ 龚维斌：《我国社会结构：变化、特点及风险》，《中国特色社会主义研究》2019 年第 4 期。

互联网兴起的大背景下，在"传统体制"外出现了大量的新经济组织、新社会组织、互联网组织等。相对于传统的"他组织"，这样的组织是一种"自组织"。党的十八大以来，我国社会的组织形式是从"自组织"和"再组织"两个方向进行"再组织化"的。为了引导日益增多的体制外"自组织"健康发展，兼顾经济社会发展活力和秩序，党和政府大力推进城乡社区建设、群团组织改革发展和党的建设全覆盖。

近年来，我国社会组织形式的突出特点是党的领导核心地位不断加强，党对各项事业、各类组织的领导不断加强。我国社会主义政治制度优越性的一个突出特点是党总揽全局、协调各方的领导核心作用。特别是党的十八大以来，党的凝聚力和战斗力不断增强，党的组织体系更加健全，党的执政根基进一步夯实。党建统领作用得到根本确立，党建工作责任制进一步落实。根据中央组织部的统计数据，截至2021年12月31日，中国共产党党员总数为9671.2万名，有基层组织493.6万个。党的组织生活更加严格规范，基层党组织建设不断加强。农村基层党组织在乡村振兴、脱贫攻坚中战斗堡垒作用增强，城市基层党建创新发展，各领域党组织互联互动，区域化党建取得实效，国有企业、机关、高校、公立医院和非公有制企业、社会组织党建工作得到新的提升。

人大、政府、政协是我国重要的政治组织形式。人民代表大会是我国的权力机关。人民代表大会制度是中国的根本政治制度，是中国人民民主专政政权的组织形式，是中国的政体，是社会主义上层建筑的重要组成部分。人民代表大会制度根据国家的一切权力属于人民和民主集中制的原则，按照法律程序，由选民在民主选举的基础上产生各级人民代表大会代表，组成地方各级和全国人民代表大会，即国家权力机关，并由国家权力机关产生其他国家机关，是行使国家权力的政权组织形式。人民政府是我国的行政机关。我国已经形成了中央、省（自治区、直辖市）、市、县、乡镇（街道）五个层级的人民政府。我国政府的主要职责是宏观调控、市场监管、公共服务、社会管理、生态环境保护。中国人民政治协商会议是中国人民爱国统一战线组织，是中国共产党领导的多党合作和政治协商的重要机构，是中国政治生活中发扬社会主义民主的一种重要形式，是国家治理体系的重要组成部分，是具有中国特色的制度安排。中国人民政治协商会议由中国共产党和各民主党派及无党派民主人士、各人民团体、各界爱国人士共同组成。

事业单位是我国特有的一种机构和组织，是由政府利用国有资产设立的，从事教育、科技、文化、卫生等活动的，具有一定公益性质的社会服务组织。事业单位接受政府领导，是具有独立地位的法人实体。事业单位改革是我国行政管理体制改革的重要组成部分。2011年4月，中央已经确定了一张事业单位分类改革的时间表，共涉及126万个机构，

3000多万正式职工，另有900万离退休人员，共计4000余万人。2012年4月16日，《中共中央 国务院关于分类推进事业单位改革的指导意见》发布。此后，我国事业单位从体制机制改革入手，转变政府职能和管理方式，不断调整和规范政事关系。根据计划，2015年，在清理规范基础上完成事业单位分类；到2020年，将形成新的事业单位管理体制和运行机制。根据国家事业单位分类改革精神，事业单位不再分为全额拨款事业单位、差额拨款事业单位，而分为公益一类事业单位、公益二类事业单位。事业单位还可分为参公管理的事业单位以及一般事业单位。

工会、共青团、妇联等群团组织，联系着广泛的人民群众。2015年，党中央首次召开党的群团工作会议，印发《中共中央关于加强和改进党的群团工作的意见》。目前，群团改革取得重大进步，党对群团工作的全面领导进一步加强，群团组织不同程度存在的"机关化、行政化、贵族化、娱乐化"现象得到遏制，群众观念得到提升，群众工作方式不断创新，群团组织团结群众、服务群众的本领有所提升。

在社会主义市场条件下，各类市场主体是发展经济、解决就业、提供服务的主力军，在很大程度上也将社会成员有效地组织起来，共同从事以生产劳动为主的各类社会活动。

社会组织（包括社会团体、民办非企业单位、基金会）作为改革开放的产物，已经成长为我国重要的社会发展力量。随着其发展空间、机会和资源的增多，数量有了大幅增长。2013 年党的十八届三中全会通过《中共中央关于全面深化改革若干重大问题的决定》后，以激发社会组织活力为导向的我国社会组织发展进入新阶段。这一时期，我们积极加强对社会组织的培育，全面推进行业协会商会脱钩工作，清理行业协会商会乱收费行为。2017 年开始实施《境外非政府组织境内活动管理法》，不断完善向社会组织购买服务、促进社会组织内部治理提升等制度，引导社会组织参与社会治理，社会组织已经成为我国经济社会建设的重要力量，在活跃城乡群众文化体育生活、参与基层社会治理与服务、推动我国基层民主等方面，发挥着非常重要的作用。截至 1988 年全国民政部门登记注册的社会组织仅有 4446 个，2022 年第一季度末达到 90 万个，其中社会团体 37.0 万个，民办非企业单位 52.1 万个，基金会 8959 个。[①] 2020 年吸纳社会各类人员就业 1061.9 万人。[②]

城乡社区是广大社会成员的生活共同体，是社会治理的基本单元，是群众获取各种服务的重要平台。根据民政部发布的《2021 年民政事业发展统计公报》，截至 2021 年底，全国基层群众性自治组织共计 60.6 万个，其中：村委会 49.0 万个，村

[①] 《2022 年 1 季度民政统计数据》，民政部官网，2022 年 7 月 7 日，https://www.mca.gov.cn/article/sj/tjjb/2022/202201qgsj.html。

[②] 《2021 年民政事业发展统计公报》，民政部官网，2022 年 8 月 26 日，https://images3.mca.gov.cn/www2017/file/202109/1631265147970.pdf。

民小组395.0万个，村委会成员208.9万人；居委会11.7万个，居民小组135.2万个，居委会成员65.7万人。全国共有社区综合服务机构和设施56.7万个，社区养老服务机构和设施31.8万个。城市社区综合服务设施覆盖率100%，农村社区综合服务设施覆盖率79.5%。党的十八大以来，我们高度重视城乡社区治理与服务，中共中央、国务院于2017年印发《关于加强和完善城乡社区治理的意见》，于2021年印发《关于加强基层治理体系和治理能力现代化建设的意见》，城乡社区治理体系不断健全，社区治理水平持续提升。搭建群众参与治理平台、社区减负增效、改善社区人居环境、人财物等资源和执法力量向基层社区下沉等各项工作扎实推进，好戏连台，广大社区居民的获得感、幸福感、安全感得到提升。

事实上，谈及中国社会的组织结构时，还有一个非常独特，对社会的组织、组成以及资源配置、机会安排都有着非常重要作用的机制，那就是关系。中国人在日常生活中会通过家庭、家族背景，以及同乡、同学、同事、战友、亲属、朋友等构建起社会关系网络，依据每个人在这个网络中的节点位置、互动频次、重要性等因素，能够对社会资源和机会进行一种超越既有组织形式甚至结构形态的调动、组合。而且在这种关系基础上的组织是不断再生产和变化的。费孝通先生曾经用差序格局来形象描述中国社会这种基于血缘、地缘之上的组织结构。虽然由于市场化规则建立、流动社会到来、社会公平性增加等原因，曾经在我国影响巨大的"人情""关系"等非正式社会组织逐渐被冲击，但毋庸置疑，今天这个具有悠久传统、非常典型的中国式社会组织方式仍然在许多领域发挥着作用。①

需要强调的是，在人类史上，利益分化、社会流动、个体意识上升等多重原因会导致社会碎片化、原子化、陌生化。因而，如何对民众进行有效组织和动员，几乎是所有走向现代化的国家和地区都共同面临的问题。② 我们依靠独特政治优势和社会传统，已经建立了以体制和制度为保证、以社区为基础、以多样化组织形态共同促进社会团结的组织结构，但将社会有机整合的任务仍然十分艰巨。特别是对于像我们这样一个拥有超大规模人口、发展极不均衡、社会异质化程度较高的国家来说，社会的组织将是一个长期的课题。

七 收入分配结构

发展的非平衡性是我国的一大特点。由于采用了"让一

---

① 关于这方面的研究，可参阅翟学伟的《关系与中国社会》，中国社会科学出版社，2012。
② 早在100多年前，斐迪南·滕尼斯在其成名作《共同体与社会》中就曾发出类似的哀叹。虽然阿列克西·德·托克维尔在《论美国的民主》中，对美国的社会团结、社会整合进行了热情的讴歌，美国社会发展的现实却表明有些事情可能并非如他书中所言。罗伯特·D.帕特南的名著《独自打保龄》中，就对处于现代社会的真实美国的组织性表达了深深的担忧。而2020年新冠肺炎疫情暴发凸显的美国社会撕裂，更表明现代国家的组织结构的重要性和艰巨性。

部分人先富起来、先富带后富"的发展策略,再加之市场经济条件下各类生产资料回报率的自然差异,以及非市场因素的扰动、各种变量综合作用的结果,我国经济社会发展过程中出现了收入分配差距。到 21 世纪头十年,我国社会成员间的收入和财富差距快速拉大,这体现在城乡、地区、生产部门、产业、行业、单位、阶层、群体等多个方面。2010 年以来,我们加大了收入分配调节力度,精准脱贫政策的实施、各类社会救助扩面提标帮助低收入群众改善生活状况,经济发展促进中等收入群体规模不断扩大,而且出现了收入差距逐步缩小的可喜变化。

基尼系数是公认的贫富分化观察指标。1978 年,我国的基尼系数为 0.18,社会财富呈现非常低度的分化,全体社会成员"平等的贫穷"。1998 年突破 0.4 这个公认的过度分化标志值,此后长期在高位徘徊。2008 年达到峰值 0.491,然后进入非常缓慢的下降通道,2021 年降低到了 0.466。基尼系数的持续下降表明,近年来稳增长、惠民生的政策措施成效开始显现,绝对弱势群体、低收入群体在收入分配改革中得到了实惠,居民收入分配差距过大状况有了一定程度的改善。当然,我国目前的收入分配差距仍然过大,又叠加了财富分配的差距,二者还形成互相增强效应,调整收入过大差距、消除收入分配不公,我们还有很大的政策改进空间。党的十八大以来,以习近平同志为核心的党中央高度重视收入分配问题,将扩大中等收入群体作为经济社会发展的关键性议题。党的十九大指出,我国社会主要矛盾已经转化为人民日益增长的美好生活需要和不平衡不充分的发展之间的矛盾,强调新时代是"全国各族人民团结奋斗、不断创造美好生活、逐步实现全体人民共同富裕的时代"。建设社会主义现代化国家,实现共同富裕,是党领导下全体人民的共同追求。

长期的城乡二元社会导致的城乡差距,一直是观察我国发展是否平衡的重要指标。由于我国的改革开放是从农村起步的,农民群体较早获益。1978~1985年,城乡居民的收入差距在缩小。但20世纪80年代开始,城市改革启动,特别是市场化的深化激发了城市的增长活力,1986~2007年,城市居民的收入快速增长,城乡居民收入比不断上升。2007年,城市居民人均可支配收入是农村居民的3.14倍。此后,城乡居民收入比进入下降通道,2021年城市居民人均可支配收入与农村居民的人均可支配收入比降到2.5(见表2-5)。总体来看,城乡居民收入差距仍然偏高,需要采用积极的公共政策加以调节。

表2-5 城乡居民收入情况

年份	城镇居民人均可支配收入(元)	农村居民人均可支配收入(元)	城乡居民收入比	城镇居民人均可支配收入中位数(元)	农村居民人均可支配收入中位数(元)
1978	343	134	2.56		
1979	405	160	2.53		

续表

年份	城镇居民人均可支配收入（元）	农村居民人均可支配收入（元）	城乡居民收入比	城镇居民人均可支配收入中位数（元）	农村居民人均可支配收入中位数（元）
1980	478	191	2.50		
1981	500	223	2.24		
1982	535	270	1.98		
1983	565	310	1.82		
1984	652	355	1.84		
1985	739	398	1.86		
1986	901	424	2.13		
1987	1002	463	2.16		
1988	1180	545	2.17		
1989	1374	602	2.28		
1990	1510	686	2.20		
1991	1701	709	2.40		
1992	2027	784	2.59		
1993	2577	922	2.80		
1994	3496	1221	2.86		
1995	4283	1578	2.71		
1996	4839	1926	2.51		
1997	5160	2090	2.47		
1998	5418	2171	2.50		
1999	5839	2229	2.62		
2000	6256	2282	2.74		
2001	6824	2407	2.84		
2002	7652	2529	3.03		
2003	8406	2690	3.12		

续表

年份	城镇居民人均可支配收入（元）	农村居民人均可支配收入（元）	城乡居民收入比	城镇居民人均可支配收入中位数（元）	农村居民人均可支配收入中位数（元）
2004	9335	3027	3.08		
2005	10382	3370	3.08		
2006	11620	3731	3.11		
2007	13603	4327	3.14		
2008	15549	4999	3.11		
2009	16901	5435	3.11		
2010	18779	6272	2.99		
2011	21427	7394	2.90		
2012	24127	8389	2.88		
2013	26467	9430	2.81	24138	8428
2014	28844	10489	2.75	26635	9497
2015	31195	11422	2.73	29129	10291
2016	33616	12363	2.72	31554	11149
2017	36396	13432	2.71	33834	11969
2018	39251	14617	2.69	36413	13066
2019	42359	16021	2.64	39244	14389
2020	43834	17131	2.56	40378	15204
2021	47412	18931	2.50	43504	16902

资料来源：国家统计局国家数据库。

"理想型"的公平分配结构是社会财富由最大多数社会成员共享、中等收入群体占人口多数。我国已经拥有全球最大的中等收入群体。根据国家统计局测算，中国拥有全球规模最大、最具成长性的中等收入群体，2017年就已经超过4

亿人，2018年以来还有增加。① 目前，中等收入群体已经占到我国总人口的1/3左右。② 近年来，扩大中等收入群体一直是我国调节收入分配、调整阶层结构的主线。党的十九大报告明确提出，到2035年我国中等收入群体比例要明显提高。连续多年的经济稳定增长，市场在资源配置中作用的持续强化，日益开放的社会空间，政府掌握的各类资源数量、质量的变化，无疑是中等收入群体成长的基础性土壤。高等教育和城市白领职业的迅速扩张，为中等收入群体的人数增加创造了机会和条件。在各种力量综合推动下，我国初步形成了体制外创业群体、白领职业群体、大额财产群体（因房地产、金融投资而获得较高经济收益的社会成员）、"知本"群体（通过受教育而拥有了"知识资本"的社会成员，有的与前述群体重合）。中等收入群体的稳步扩大，有助于推动形成橄榄形社会结构，标志着我国社会公平正义程度的提高；有助于产业升级和消费增长，推动经济高质量发展；有助于利益结构优化，促进社会稳定和政治民主。

现代国家几乎都通过公共政策来对收入和财富进行再分

---

① 2019年1月21日，国家统计局局长宁吉喆在国务院新闻办公室举行的新闻发布会上表示，根据国家统计局测算，中国拥有全球规模最大、最具成长性的中等收入群体。根据他的介绍，中国国家统计局测算中等收入群体的标准是，以中国典型的三口之家年收入在10万~50万元，且有购车、购房、闲暇旅游的能力。据此标准，2017年中国已经有4亿多人、约1.4亿个家庭属于中等收入群体。
② 《这十年，中国经济社会发展和生态文明领域建设成就非凡》，《中国经济导报》2022年5月14日。

配。2011年中央扶贫开发工作会议召开，我国精准扶贫步伐加速，深度贫困地区的资金、项目、举措倾斜力度不断加大，产业、就业、教育、健康等各种扶贫扎实推进。我们历史性地解决了困扰中华民族几千年的绝对贫困问题，近1亿农村贫困人口全部脱贫，为世界减贫事业做出巨大贡献。党的十八大以来，党中央多次研究收入分配改革问题，出台了一系列改革措施和政策文件，收入分配改革又取得了新的显著成效。特别是以民生保障为重点的社会建设持续推进，就业、教育、卫生健康、社会保障等各项社会政策，极大地提高了全体社会成员共同福祉，优化了收入分配结构。加强地区间的转移支付、调整个人所得税、规范税收申报、强调知识合理回报、保障农民工工资收入、强化税收征管和金融信用秩序等举措，都在一定程度上抑制了我国收入和财富差距过度分化。

应当看到，我国居民收入分配和财富占有的差距总体看仍然较大，需要在继续做大蛋糕同时下大力气分好蛋糕。特别是要看到，我国仍然有大量的中低收入人群。[①] 在合理限

---

① 2020年6月15日，国家统计局新闻发言人付凌晖在回答社会的热议"我国有6亿人每个月的收入也就1000元"这个问题时，说道：关于6亿人每个月人均收入1000元，可以从全国住户收支与生活状况调查数据得到印证。按照住户收支调查，全国家庭户样本可以分为五个等份，分别是低收入组、中间偏下收入组、中间收入组、中间偏上收入组、高收入组，每等份各占20%。其中，低收入组和中间偏下收入组户数占全部户数比重为40%。根据2019年相关数据，低收入组和中间偏下收入组共40%家庭户对应的人口为6.1亿人，年人均收入为11485元，月人均收入近1000元。其中，低收入组户月人均收入低于1000元，中间偏下收入组户月人均收入高于1000元。

高（高收入群体）、积极扩中（中等收入群体）的同时，要从就业、教育培训、救助等多个维度入手，帮助中低收入群体实现收入增长、生活状况的改善和向上的社会流动。

八　消费结构

消费主体、消费内容、消费方式、消费水平是直观反映社会进步、民众福祉程度的重要指标。1978年我国总人口9.6亿人，贫困人口7.7亿人、占比80%，绝大多数群众生活艰难，温饱问题都难以解决。在中国共产党的坚强领导下，全国人民辛勤劳动，到21世纪前实现了温饱有余、生活小康的阶段性目标。近10年，则实现了全面小康、初步富裕的伟大转变。如果说2010年前，我国的消费经历了吃饱穿暖、老三大件（自行车、缝纫机、手表）、新三大件（电视、冰箱、洗衣机）、通信产品、房产与汽车进入家庭等几个排浪式、模仿式消费阶段的话，那么2010年前后，除了传统物质类消费的普及外，人民群众开始更加注重个人发展类、精神生活类、体验类、个性化的消费。消费的主流人群、消费内容、消费方式、消费水平都发生了巨大的改变。

收入是消费的基础。1978年，全国居民人均消费支出只有171元。2011年，全国居民人均消费支出10820元，首次超过1万元。2019年，全国居民人均可支配收入30733元，首次跨入3万元大关。2021年，全国居民人均可支配收入达到35128元，是1978年的205倍，是2000年的近10倍。党的十八大以来，我们多措并举促进消费市场平稳较快增长，积极营造便利、安心、放心的消费环境，有效释放了居民消费潜力。2019年，全国居民人均消费支出21559元，首次迈过2万元大关。2021年，全国居民人均消费支出24100元。分城乡看，城镇居民人均消费支出30307元，农村居民人均消费支出15916元。农村居民消费支出连续几年增速快于城镇居民。与此同时，居民消费结构优化升级。1978年，城乡居民的消费支出中食品占大头，全国居民恩格尔系数为63.9，其中城镇、农村居民恩格尔系数分别为57.5和67.6，长期经济增长促进了居民生活的改善，恩格尔系数连续显著下降。2021年全国居民恩格尔系数为29.8，其中城镇、农村居民恩格尔系数分别为28.6和32.7，表明人民群众用于食品之外的消费大为增加。特别是近年来广大居民的发展型消费和享受型消费较快增长（见图2-4）。

总体看，我国广大城乡居民生活质量明显提升，居住条件显著改善，各类现代化生活设备和现代化通信工具进入居民家庭，交通出行更加便捷，沟通交流更加高效。根据国家统计局公布的《中国人口普查年鉴（2020）》，第七次人口普查的数据显示，我国家庭户人均居住面积已经达到41.8平方米，平均每户居住面积达到111.2平方米。其中城市家庭人均居住面积为36.5平方米，平均每户居住面积为92.2平

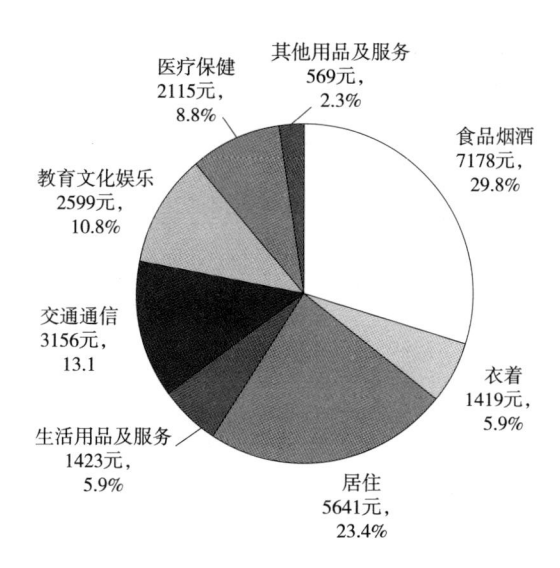

图 2-4　2021 年居民人均消费支出及构成

资料来源：国家统计局《2021 年居民收入和消费支出情况》。

方米。改革开放之初，彩电、冰箱、洗衣机、空调、电脑曾经是普通家庭的稀罕物，一般家庭要积攒几年才能购置一个"大件"，汽车、摩托车更是大多数人不敢想象的消费品。经过短短四十多年，城乡已经实现了电器产品的普及化，汽车和摩托车也进入许多家庭（见表 2-6），居民平均每百户的汽车拥有量达到 41.8 辆。

目前我国消费的主流人群有三个显著特征，其一是中等收入群体成为消费主导力量和消费"风向标"，其二是数量众多的小康消费阶层消费升级加速，其三是年轻一代消费"主力军"的崛起。

中等收入阶层从生活形态来看，一般是从事白领工作，受教育程度比较高，有稳定的收入来源，拥有房产及其他金

表 2-6　居民平均每百户年末消费品拥有量

消费品	2013 年	2014 年	2015 年	2016 年	2017 年	2018 年	2019 年	2020 年	2021 年
家用汽车（辆）	16.9	19.2	22.7	27.7	29.7	33.0	35.3	37.1	41.8
摩托车（辆）	38.5	43.5	42.2	40	39.3	35.7	34.2	33.1	31.5
电动助力车（辆）	39.5	43.8	47.6	53.2	56.5	59.2	63.9	66.7	—
洗衣机（台）	80.8	83.7	86.4	89.8	91.7	93.8	96.0	96.7	98.7
电冰箱（柜）（台）	82.0	85.5	89.0	93.5	95.3	98.8	100.9	101.8	103.9
微波炉（台）	34.6	36.0	36.9	38.4	40.0	39.2	40.1	41.0	—
彩色电视机（台）	116.1	119.2	119.9	120.8	122.2	119.3	120.6	120.8	118.7
空调（台）	70.4	75.2	81.5	90.9	96.1	109.3	115.6	117.7	131.2
热水器（台）	64.2	67.7	71.2	76.2	78.6	85.0	86.9	90.4	—
排油烟机（台）	42.5	44.3	45.7	48.6	51.0	56.4	59.3	60.9	—
移动电话（部）	203.2	215.9	224.8	235.4	240.0	249.1	253.2	253.8	259.1
计算机（台）	48.9	53.0	55.5	57.5	58.7	53.4	53.2	54.2	47.0
照相机（台）	21.0	21.7	20.4	17.7	18.4	12.6	12.2	12.1	—

资料来源：国家统计局国家数据网。

融资产。在消费方面，他们物质生活已经比较丰富，开始讲究消费品质和消费环境。多数对于商品品牌有较强的认知，愿意到大型商场甚至境外购物。全球主要的奢侈品公司都将中国作为最重要的市场来布局。同时，他们用于学习、健康、旅游、文娱等方面的支出，已经超过用于耐用消费品等物质方面的支出。而他们的消费行为，也具有了一定的导向作用。在很大程度上可以说，他们的生活标准和消费方式已经基本与国外发达国家和地区相近或相仿。

我国还有6亿多人口的收入和财富水平达不到中等收入阶层的标准，我们称之为小康生活阶层，包括大多数农村人口、城市新市民/农民工和小部分原城镇户籍居民，主体是农民和农民工，目前，其绝大多数处于小康水平。总体来说，这些群体用于食品、衣物等最基础的生活用品支出占比在下降，开始步入发展型消费阶段。农村居民、农民工已经普及了彩电、冰箱、洗衣机、手机等物质消费，用于居住条件改善、出行、教育、健康、旅游等方面的支出在增加。在物质生活水平较大改善后，他们的消费水平及消费内容也在更新换代。

以"80后""90后"为代表的独生子女一代，已经逐渐成为社会的中坚力量，在消费领域也渐成主力。由于他们从小的家庭生活和消费水平明显与父辈存在差异，对"吃不饱"、物质匮乏缺乏体验，而且其成长过程经历了社会快速进步和全社会消费升级，所以消费观念更为开放和积极。其典型表现是能挣敢花，而且会花，其中不少还不自觉地有着消费主义的痕迹。健身、探险、各种能力提升班、MALL式生活、网上购物、消费卡、文娱节目等现代生活，都将他们作为主要的目标人群。有数据表明，他们是人均日常消费支出最高的人群。作为天生的与互联网最快结合的群体，他们在互联网上非常活跃，也是网上购物、娱乐、外卖服务、学习的核心群体。全社会兴起的宅生活、粉丝经济、泛娱乐化、吐槽、段子，以及大量的网络语言社会普及，都与他们的生活方式与消费行为有很强的关系。正是在消费人群的消费行为发生变化的背景下，全国电视机开机率大幅下降，以纸媒、电视、广播为代表的传统媒体生存艰难，基于网上娱乐、体验式消费、社交化消费（拼购、一站场大卖场等）、分享式购物、平台式经济的新消费正在兴起。在新消费主义的影响下，购买过程即消费（不重视实际获得的商品或服务，而在意消费过程带来的满足感）、兴趣圈消费（即通过美食、旅游、运动健身等消费找到同类人认同）、"造节消费"（双11购物节等）、"马拉松是中产阶层的信仰"、"颜值即正义"等新消费观正成为社会热点。

从消费内容看，改革开放40年来，我国居民生活从温饱不足到2020年实现全面小康，此后步入物质和精神消费都相对丰裕的阶段。特别是近十年来，以家电为代表的耐用消费品基本普及，房产和汽车消费快速增长后进入平稳期，旅游、教育、休闲娱乐等服务消费快速增长，基于互联网特别是基于移动互联网的各种消费方式异军突起。以旅游消费为例，在疫情发生前，中国旅游研究院发布的《2019年旅游市场基本情况》显示，2019年，中国国内旅游人数达60.06亿人次，入出境旅游总人数3.0亿人次，中国公民出境旅游人数达1.55亿人次。旅游业对GDP的综合贡献为10.94万亿元人民币，占GDP总量的11.05%。过去十年，城镇消费走向优质化、个性化的同时，农村地区的消费环境也发生了巨大的变化。曾经有一个时期，农村地区成为各种假冒伪劣产品的倾销地。随着农民消费水平的提高，特别是我国各类日常消费品的规模扩大，以及借助越来越便利的物流渠道与互联网的兴起，农村地区消费品的品质已经发生了根本性的改观。但受城乡基本公共服务均等化滞后、市场化程度较低等因素影响，农村居民的教育、医疗等方面支出上升较快，而金融、国际旅游、专业服务、文化娱乐等方面的消费仍然与城市存在很大差距。

消费是经济增长的函数。与发达国家相比，我国总体消费水平不高，居民消费提升空间很大。特别是在构建以国内大循环为主体、国内国际双循环相互促进的新发展格局过程中，相对其他动能，消费不足已经成为突出问题。在过去十多年，我国消费结构有一个显著的变化特征，那就是耐用消费品饱和导致家庭消费进入瓶颈期，公款消费也因为反腐倡廉力度加大而明显减少。近年来，我国经济发展面临需求收缩、供给冲击、预期转弱三重压力,为确保国内经济实现有效的内循环,在内需中,消费被寄予厚望。从数据看,2011年以来,最终消费支出对国内生产总值增长贡献率保持在50%以上,最高达到65.7%,最终消费支出对国内生产总值增长拉动保持在3.5%以上。2020年,受疫情影响,这两个指标均第一次出现负数。居民消费向来被认为是潜力最大的内需来源。从数据看,2001~2020年,我国社会消费品零售总额除2020年下降外,总体是在不断增长的。然而从2008年起,增长率呈现持续较快下降的态势。还要看到,在居民消费支出中,许多是刚性支出,是用于维持家庭基本生活的。其中,住房支出占居民人均可支配收入的比重长期偏高。从2009年起,城镇居民人均居住支出已经占到消费支出的1/5到1/4。另外,少子化和老龄化等现象也对内需产生抑制效应。近几年,国家对房地产业、校外教育培训行业、医疗美容行业、直播带货行业、影视娱乐行业、平台经济、资本无序扩张等加大了规范和监管力度,其产生的"误伤"和溢出效应不可避免地影响了数千万人的就业和收入。两年多时间的疫情,直接导致3000多万名农民工返乡。这些因素都必然传导到消费领域,进一步加剧需求不足的状况,直接影响我国经济的潜在增长率。[1]

---

[1] 张林江:《需求收缩、扩大居民消费与加强民生保障》,《理论探索》2022年第3期。

九 社会阶层结构

"社会阶层结构是社会结构的内核,在社会结构的其他领域,如就业结构、城乡结构、消费结构等的背后,我们都可以看到社会阶层结构存在。"① 社会体制改革使得社会成员有了向上流动的空间,市场经济催生了新的社会阶层,民营经济经历了从无到有、从小到大、从弱到强,与时俱进的发展过程。在此过程中,我国形成了国家与社会管理者阶层、经理人员阶层、私营企业主阶层、专业技术人员阶层、办事人员阶层、个体工商户阶层、商业服务业从业人员阶层、产业工人阶层、农业劳动者阶层、无业失业和半失业者阶层共十个社会阶层。在 20 世纪末,这个与国际社会基本相似的现代社会阶层雏形初步形成,中产阶层加快崛起,社会中下阶层规模比例缩小,社会阶层在利益、地位和思想认识等方面开始分化,阶层位序基本稳定。但与理想型阶层结构相比,该大的阶层(中产阶层)仍然没有大起来,该小的阶层(如农业劳动者阶层)还没有真正小到位。② 在当时,这一阶层结构背后的变迁机制包括:意识形态特别是对经济发展规律认识的改变,所有制结构的调整,市场机制的引入并日益发挥作

---

① 陆学艺主编《当代中国社会结构》,社会科学文献出版社,2010,第 396 页。
② 陆学艺主编《当代中国社会阶层研究报告》,社会科学文献出版社,2002。

用，工业化的推进，等等。

进入21世纪以来，我国"十大社会阶层"的比例有所变化，私营企业主的阶层位序上升到第二位（见表2-7）。我国社会阶层结构呈现两个方面的变化：一是中产阶层继续增加；二是在社会分化有所加剧的背景下，来自国家的调控力量开始强化。[①] 我国社会的流动仍然保持较快速度，社会阶层结构继续向着橄榄形的现代社会结构方向发展：一是传统的工人阶级和农民阶级发生了新的更大变化，二是新生代农民工成为农民工的主体，三是出现了大量的新阶层和新的职业群体。

表2-7 2001~2019年中国社会阶层结构占比变化

单位：%

社会阶层	2001年	2006年	2010年	2019年
国家与社会管理者阶层	2.1	2.3	2.3	1.9
私营企业主阶层	1.6	1.3	2.2	2.8
经理人员阶层	1.0	2.6	2.7	4.4
专业技术人员阶层	4.6	6.3	6.4	8.9
办事人员阶层	7.2	7.0	7.3	6.8
个体工商户阶层	7.1	9.5	10.1	9.0
商业服务业员工阶层	11.2	10.1	11.3	14.2
产业工人阶层	17.5	14.7	22.7	22.2
农业劳动者阶层	42.9	40.3	30.4	24.9
城乡无业失业和半失业者阶层	4.8	5.9	4.6	4.9

资料来源：龚维斌、张林江等《当代中国社会结构（2010~2020）》，第276页。由该书第八章作者胡建国教授根据中国统计年鉴、全国经济普查、全国人口普查、中国综合社会调查（CSS）数据推算。

[①] 龚维斌、张林江等：《当代中国社会结构（2010~2020）》，社会科学文献出版社，2021，第275页。

工人队伍空前壮大，农民工成为主体，内部结构变化较大。2021年，全国农民工总量达到29251万人，占到全国就业人员的39.2%。三次产业就业中，服务业工人的人数超过了工业工人，成为工人队伍中人数最多的部分。随着以通信、金融、物流、电子商务、房地产为主体的现代服务业快速发展，一支与新技术、新业态密切联系的、有别于传统体力劳动工人的新型工人队伍迅速成长起来，达到数千万人。国有企业职工所占比重继续下降，经济社会地位分化较大。人们对企业的所有制性质逐渐淡化，人们择业时更加看重的是企业的行业性质、薪酬待遇、工作岗位和成长空间。新生代农民工是农民工的主体。新生代农民工是指改革开放以后出生的、农村户籍、从事非农职业的人员。根据国家统计局《农民工监测调查报告》数据，2018年起，1980年及以后出生的新生代农民工占到全国农民工总量的一半以上。在新生代农民工中，"80后"占50.4%，"90后"占43.2%，"00后"占6.4%。特别需要注意的是，"00后"农民工队伍开始成长壮大。新生代农民工与其父母一辈的农民工相比，受教育程度较高、思想观念较为开放，接受新事物快，外出就业的主要目的不是挣钱养家糊口而是个人成长发展，吃苦耐劳精神相对较差，对文化生活追求更多，宁愿工资低一点也要工作环境好一些、个人发展机会多一些。他们大多数人一出校门就离开家乡进入城市，甚至有不少人就是在城市出生和长大的，对农村没有太多的认知和感情，不愿意也不会从事农业生产。新生代农民工渴望在城市稳定工作和生活，但是，城市融入和社会融入面临较多障碍，存在身份认同的尴尬、城市生活的"本领恐慌"、就业歧视和幸福感缺乏等困境。新生代农民工特别是"90后""00后"是扩大中等收入群体的后备军，相当一部分人处于"融不进城，回不了村"的双重边缘状态。

农业劳动者在就业结构中所占比重持续下降，而且日益老龄化。改革开放初期，我国农业从业人员达到2.8亿人，占整个就业人员的70%，2021年这一比例下降到不到23%。改革开放40多年，一方面全国人口总量增加了将近6亿人，另一方面，农村居民和真正从事农业生产的农民绝对数都减少了，所占比重更是大幅度下降。现在农村从事农业生产的就业人员中绝大多数是中老年人，青壮年对农业生产已经没有多少兴趣，他们中的绝大部分转移到非农产业就业。留在农村从事农耕的职业农民呈现高龄化趋势，40岁以下的务农农民已经很少了。

民营企业家和个体工商户迅速成长。到2018年10月底，全国实有个体工商户7137.2万户、私营企业3067.4万户，雇用员工超过2亿人。民营经济对我国的经济社会发展做出了突出贡献，通常被形象地概括为"56789"：民营经济对国家财政收入的贡献占比超过50%；GDP和固定资产投资、对外直接投资占比均超过60%；企业技术创新和新产品占比超过70%；城镇就业占比80%（全国城镇就业数是4.25亿人，非公有制企业就业数 3.4 亿人）；2017 年对新增就业的贡献超过 90%。2018 年，社会上曾有"民营经济退场论"等错误思潮，严重影响了民营企业和相关人士投资创业信心，干扰了经济社会的正常发展。11 月，习近平总书记亲自主持召开民营企业座谈会，强调指出"民营经济是我国经济制度的内在要素，民营企业和民营企业家是我们自己人，要毫不动摇鼓励支持引导非公有制经济发展"。习近平总书记的重要讲话给民营企业家吃了"定心丸"。

新社会阶层和社会群体大量产生。2015 年颁布的《中国共产党统一战线工作条例（试行）》把新的社会阶层人士作为新时期统战工作的对象。这些新的社会阶层人士包括，一是私营企业和外资企业的管理人员和技术人员；二是社会组织从业人员（包括律师、会计师、评估师、税务师、专利代理人等以及社团、基金会、民办非企业单位从业人员）；三是自由职业人员；四是新媒体从业人员。2016 年，全国新阶层人士约有 5000 万人。随着互联网快速发展和人们就业观念的变化，新的业态和新的职业群体不断涌现，例如，电商从业人员、网络写手、网约车司机、快递小哥、外卖骑手、网络主播等等。

我国的社会阶层从结构上看，过去十年也发生了变化。一是社会阶层结构继续趋向"中产化"。2001 年，中产阶层的占比只有 15% 左右，2017 年这一比例达到 34%，人口规模超过 4 亿人，目前规模约占到总人口的 1/3。中产阶层的发展不仅体现在数量上，其在经济、社会、政治生活中的作用也越来越明显。经济上，他们是市场领域的中坚力量。同时，他们具有较强的消费能力，成为消费领域的主导性力量。在社会领域，他们是现代价值理念的倡导者。中产阶层政治态度是积极而非激进的，是改革的拥护者，是民主政治的建设力量，但他们同时也有一些焦虑与不满。二是国家与社会管理者阶层主导地位得到强化。近年来，我国城市化进程提速，土地变现使得各级政府特别是中央政府的财力空前增强。从治理方式来看，项目制成为主流。这使得国家与社会管理者阶层掌握的资源越来越多、分配权力越来越大。党的十八大以来，党的建设全面加强，强调党对一切工作的全面领导，党的向心力、凝聚力、号召力、组织力和领导力不断增强。国家对市场和社会的调控能力得到加强，公职管理人员的影响力和地位得到提升。三是私营企业主素质和影响力大幅提升。他们拥有的经济资源呈现聚集化趋势。在政治方面，他们通过入党，担任人大代表、政协委员，参加工商联等多个途径参政议政。四是普通社会阶层发展空间开始收窄。无论从社会财富分配，还是从获得教育机会和发展资源，抑或是参与公共政治生活，底层社会成员近年向上流动难度加大，21世纪之前那种跨阶层的远距离向上社会流动越来越少。五是各社会阶层主观地位认同偏低。中国社会科学院社会学研究所2013年和2015年的全国抽样调查数据均显示，有相当一部分人，他们的个人财富、收入和消费水平都达到了中等程度甚至较高水平，但他们倾向于认为自己是中下层或下层。

十　网络社会结构

以互联网为代表的新信息技术对整个人类社会的政治、经济、文化和社会已经并将继续产生深刻影响。20世纪90年代中期，我国才接入国际互联网。2000年，搜狐、新浪、网易三大门户网站在美国纳斯达克挂牌上市，我国的互联网社会应用全面开启。虽然我国并不是较早进入互联网时代的国家，但各种网络应用从模仿到创新、从一拥而上到差位竞争、从野蛮生长到规范发展，互联网及其相关领域都取得了极为长远的进步。特别是近些年来，互联网的发展进入移动互联时代，社交、电商、网游、音视频、网上教育等热度不减，大数据应用、人工智能、5G、物联网、区块链等新技术不断涌现和发展，新的互联网应用不断产生，在民众中逐渐普及，带来了中国社会结构各个方面的变化。

如果说21世纪初的"互联网泡沫"破灭曾经重创信息产业和发达经济体的话，此后经历的狂飙突进式恢复与发展，则极大地改变了世界经济格局与发展方式，而中国幸运地搭上了这一班列车。2010年代以后，随着3G、4G、5G技术的发展，以及移动终端处理信息能力增强和信息应用资费降低，全球范围内越来越多的民众成为网民，生活中的互联网应用也无处不在，中国人在网络购物、扫码支付、共享单车、网络娱乐、网络办公等方面，开始与发达国家并肩奔跑，甚至领跑。华为、阿里巴巴、腾讯、百度、美团、滴滴、京东、字节跳动、360、拼多多、小米、联想等一大批世界级高科技企业在中国迅速成长。

这一现象当然深深植根于我国特大规模人口、特别广阔空间、庞大应用市场的国情之中，也与政府鼓励创新与包容、审慎监管、全社会空前开放心态、互联网界勤奋努力是分不开的。进入21世纪之后，中国互联网的基础设施建设进入了快速发展阶段。我国建成了全球最大规模光纤和移动通信网络，行政村通光纤和4G比例超过99%，农村和城市实现同网同速。2022年5月末，中国电信、中国移动、中国联通三家基础电信企业的固定互联网宽带接入用户总数达5.59亿户。① 目前，5G围绕高技术产业、科研创新、智慧城市等相关的新型基础设施建设不断加快，进一步加速新技术的产业应用，并催生新的产业形态。我国数字经济蓬勃发展，成为经济发展的新增长点，数字企业通过商业模式创新、加快数字技术应用不断提升供应链数字化水平。互联网应用与群众生活结合日趋紧密，微信、短视频、直播等应用

---

① 《2022年通信业经济运行情况之二十一　固定宽带接入用户数稳步增加　千兆用户超五千万》，国家发改委官网，2022年7月29日，https：//www.ndrc.gov.cn/fgsj/tjsj/cxhgjscyyx/202207/t20220729_1332421.html?code=&state=123。

降低了互联网使用门槛，不断丰富群众的文化娱乐生活；在线政务应用以民为本，着力解决群众日常办事的堵点、痛点和难点；网络购物、网络公益等互联网服务在实现农民增收、带动广大网民参与脱贫攻坚行动中发挥了日趋重要的作用。

根据中国互联网络信息中心（CNNIC）发布的第50次《中国互联网络发展状况统计报告》，截至2022年6月，我国网民规模达10.51亿人，互联网普及率达74.4%，手机网民规模达10.47亿人，网民使用手机上网的比例为99.6%。农村网民规模达2.93亿人。即时通信用户规模达10.27亿人，网络视频（含短视频）用户规模达9.95亿人。网络支付用户规模达4.16亿人，网络新闻用户规模达7.88亿人。总体看，我国网民规模不断扩大，应用场景加速渗透，促进数字消费机遇叠加、优势凸显。[1] 从网民的构成看，城市居民、年轻人群、收入较高人群、初中以上学历人群，在数量上占据多数。

网络社会是否遵循现实世界的分层逻辑，一直有两个相互矛盾的观点：一种看法是网络社会遵循与现实社会无关或者是截然相反的逻辑，也就是说，现实社会中的地位优势在网络社会中可能减弱或者损失，存在一种"结构异

---

[1] 中国互联网络信息中心（CNNIC）：《第50次〈中国互联网络发展状况统计报告〉》，2022年9月26日，http://www.cnnic.net.cn/NMediaFile/2022/0926/MAin/6641834256/9UZMS433V3V.pdf。

化"；另一种看法是现实社会的优势显著影响网络资源的获取和占有，进而将原有的社会结构延续到网络中，也就是进行"结构再生产"或者说"结构复制"。从我国现实看，这两种机制都能够找到现实依据和理论依据。[①] 一方面，由于处于核心地位的政府机关、数据中心、数据企业可以掌握大量的数据，数据或者说信息优势能够帮这些机构的从业者在网络社会拥有较高的阶层地位。另一方面，网络社会扁平化的特点，以及自媒体、网络视频、社交软件等的发展，使得旧的权力安排受到挑战，特别是公共议题的产生、群众的社会动员，乃至于社会运动与社会组织方式的网络化，都打乱了旧的社会群体划分、社会成员地位排序等阶层秩序。

从传统社会到现代社会的转型过程中，以往的社会学家看到了现代社会构成的原子化趋势，人与人之间的疏离化、社会资本的减少和社区的衰落等等，强调从熟悉社会到陌生社会的变迁。新的网络沟通技术，尤其是互联网社交媒介兴起之后，随着社会成员交往行为的变化，传统的社会互动的时空限制被打破，人与人之间新的社会联系随着网络建立起来，使得中国网络社会的组织结构呈现新的特点。中国的网民在网络社会中，并非以完全个体化和原

[①] 陈氚：《网络权力变迁中的国家机遇》，《中共中央党校学报》2015年第3期。

子化的状态存在，而是凭借现有的社交平台，形成了各种不同类型的网络社会群体，并且一些网络社会群体的组织化程度也相对较高。

按照当前中国网络社会组织的基本样态，可以将其划分为基础网络状结构、平台化结构和去中心化结构。[①] 信息时代和网络社会本身具有一种高度的流动性和变动性。信息在网络中的传播接近光速在运行，网络社会中的组织结构也处在一种可以瞬间变化的状态下。在当下的中国互联网中，微信群和QQ群等网络准组织的数量难以精确计算，因为几乎在每一瞬间，网络上都可能出现新的准组织。社会中的成员可以在极短的时间内，通过互联网迅速聚集起来，我们可以将这样的组织现象定义为隐性网络自组织。隐性网络自组织实际上是网络社会组织的一种临界状态，它介于原子化的个体和互联网组织之间。

在互联网时代，社会权力的力量对比、表现形式等很多方面都发生了变化。在当下的中国社会中，随着互联网的兴起，网络社会中的权力结构也呈现新的特点。其一是随着大数据时代的来临，互联网商业巨头相对于社会个体的权力优势进一步加强，呈现一种中心—边缘的权力模式。其二是互联网同时强化了国家和民众双方的沟通能力，更加有利于共

---

① 龚维斌、张林江等：《当代中国社会结构（2010~2020）》，社会科学文献出版社，2021，第318页。

识的形成、人心的凝聚,是对国家和民众的双向赋权。网络化时代,政府越来越重视民众在互联网上的集体意见表达。网络围观、网络抗议、网络维权和线下维权的结合,都使得社会民众自发的力量逐渐增加。近年来,在引发网民关注的互联网热点事件中,我们都可以看到,中国民众参与公共议题的意愿和能力在逐渐增长,在一定程度上对政府起到了监督作用,在客观上促进了国家诸多领域的法治化进程,也推动政府在很多领域治理能力的提高。[①]

[①] 龚维斌、张林江等:《当代中国社会结构(2010~2020)》,社会科学文献出版社,2021,第324~325页。

第三章
动能：中国社会结构变迁动力机制

社会结构变迁是多种力量共同作用的结果。工业化、市场化、城市化、经济全球化、技术发展是推动我国社会结构变迁的深层原因，而人口迁移流动、就业和生活方式改变等则是推动我国社会结构变迁的直接原因。

作为社会进步的重要表征，社会结构变迁是多种力量综合作用的结果，既有自发演进的一面，又能够通过社会经济政策加以干预调节。对过去十年的中国社会结构变迁进行全景式的深描固然重要，对推动这个变化背后的社会动力进行研究，才更加重要。"观察一个国家、一个民族、一个社会的发展现状和发展前景，除了用一组指标来评价其发展水平，更重要的是看其是否具有持续推动发展的'社会动力'。"[①] 因为，无论就促进中国社会结构下一阶段的优化实践来说，还是对深化社会学的相关理论进步来说，无疑都具有相当重要的价值。

从过去四十多年看，工业化、市场化、城市化、经济全球化、技术发展是推动我国社会结构变迁的深层原因，而人口迁移流动、就业和居住形式的变化则是推动社会结构变迁的直接原因。正是大规模的人口迁移流动和由此带来的就业形式、居住形式、家庭类型、价值观念的变化，使得我国的社会结构变迁与发达国家现代化过程中的社会结构变迁相比，具有自身的特点，特别是 21 世纪以来这种特点更加明显。

---

① 李培林：《中国社会学的历史担当》，《社会学研究》2016 年第 5 期。

一 社会结构变迁的第一动力：工业化

正如恩格斯所说，"一切社会变迁和政治变革的终极原因，不应当到人们的头脑中，到人们对永恒的真理和正义的日益增进的认识中去寻找，而应当到生产方式和交换方式的变更中去寻找。"① 中国社会结构变迁的第一位影响因素，也应当到经济因素中去寻找。其中最重要的无疑是工业化。从1776年瓦特改良蒸汽机启动人类社会工业化浪潮算起，到现在只有不到250年的时间。在实现现代化的国家中，基本都经历了工业化的进程。在一定程度上，工业化是现代化的动力。

在近代世界到来之前，人类文明的基调是农业（包括牧业），农业的发展程度基本标志着文明程度。自秦汉之后，中国的农业技术水平与生产能力一直处于世界先进水平，直到鸦片战争爆发前，中国的经济实力都十分雄厚。但从18世纪下半叶发端的工业化改变了世界的潮流，现代化的核心内容开始从农业文明向工业文明转变。虽然中国从新中国成立之初就开始重视并积极推进工业化进程，甚至曾经执行"以重（工业）为重（心）"的经济政策，以大炼钢铁为代表的浪漫工业主义实践也曾经导致巨大的社会后果。但从改

---

① 《马克思恩格斯全集》第25卷，人民出版社，2001，第395页。

革开放以来，工业化才开始步入快车道。特别是进入新世纪后，由于中国加入国际经济体系，并且有机地将自己的劳动力数量优势与制造业资本的全球转移（通过吸引外资等）相结合，迅速找到了一条以制造业为先导，其他工业、建筑业、商业等共同协调发展的道路，而且结构不断优化。在这个过程中，第二产业龙头带动作用不断增强，货物进出口总额不断增加。

毫无疑问，工业化（广义工业化，指除一产农业之外的工业和服务业）发展是中国财富增长的最重要来源。2010年，我国工业增加值超过美国，成为世界第一大工业国。国内生产总值于2010年超越日本，成为世界第二大经济体。我国的原煤、水泥、钢铁、发电量等多年居世界首位，500多种主要工业品中有约一半的产量居世界第一。我们建立了世界上最完整的现代工业体系，还于2013年成为世界第一贸易大国。在我国的国内生产总值构成中，一产贡献率持续下降，二产贡献率也呈现下降态势，但其占比依然较高，而三产的贡献率实现了持续上升（见表3-1）。我们这个世界第一人口大国的工业化，毫无疑问大大提高了全人类社会的工业化与现代化程度，也为中国财富增长、社会进步提供了坚实的经济基础。

如果从新中国成立算起我们用了70年，如果从改革开放算起我们用了40年，如果从加入世界贸易组织算起我们用了20年，就走完了西方发达国家几百年走过的工业化历程。

表 3-1 三次产业对我国 GDP 的贡献率

单位:%

年份	三次产业贡献率	第一产业对GDP的贡献率	第二产业对GDP的贡献率	第三产业对GDP的贡献率
1978	100.0	9.8	61.8	28.4
1979	100.0	20.9	53.6	25.6
1980	100.0	-4.8	85.6	19.2
1981	100.0	40.5	17.7	41.8
1982	100.0	38.6	28.8	32.6
1983	100.0	23.9	43.5	32.7
1984	100.0	25.6	42.7	31.7
1985	100.0	4.1	61.2	34.8
1986	100.0	9.8	53.2	36.9
1987	100.0	10.2	55.0	34.8
1988	100.0	5.4	61.3	33.4
1989	100.0	15.9	44.0	40.1
1990	100.0	40.2	39.8	20.0
1991	100.0	6.8	61.1	32.2
1992	100.0	8.1	63.2	28.7
1993	100.0	7.6	64.4	28.0
1994	100.0	6.3	66.3	27.4
1995	100.0	8.7	62.8	28.5
1996	100.0	9.3	62.2	28.5
1997	100.0	6.5	59.0	34.5
1998	100.0	7.2	59.7	33.0
1999	100.0	5.6	56.9	37.4
2000	100.0	4.1	59.6	36.2
2001	100.0	4.6	46.4	49.0
2002	100.0	4.1	49.4	46.5
2003	100.0	3.1	57.9	39.0

续表

年份	三次产业贡献率	第一产业对GDP的贡献率	第二产业对GDP的贡献率	第三产业对GDP的贡献率
2004	100.0	7.3	51.8	40.8
2005	100.0	5.2	50.5	44.3
2006	100.0	4.4	49.7	45.9
2007	100.0	2.7	50.1	47.3
2008	100.0	5.2	48.6	46.2
2009	100.0	4.0	52.3	43.7
2010	100.0	3.6	57.4	39.0
2011	100.0	4.1	52.0	43.9
2012	100.0	5.0	50.0	45.0
2013	100.0	4.2	48.5	47.2
2014	100.0	4.5	45.6	49.9
2015	100.0	4.4	39.7	55.9
2016	100.0	4.0	36.0	60.0
2017	100.0	4.6	34.2	61.1
2018	100.0	4.1	34.4	61.5
2019	100.0	3.9	32.6	63.5
2020	100.0	10.4	43.3	46.3
2021	100.0	6.7	38.4	54.9

资料来源：国家统计局国家数据网。

从全国层面看，2011年以后中国工业化水平就进入了工业化后期，与中国经济进入新常态时间节点大体一致，到2020年基本实现工业化，到2035年将全面实现工业化。[①]

[①] 黄群慧：《新中国70年工业化进程的历史性成就与经验》，《光明日报》2019年7月9日，第11版。

在工业化过程中，因为地理位置、历史传统、商业环境等多元因素影响，我国的区域结构、城乡结构发生了深刻的变化。除传统的北上广深等城市外，苏州、东莞、长沙、武汉、泉州等一大批制造业基地崛起。而以做小、做精、做成产业链、做出品牌为特点的小城小镇经济出现，"皮革之乡"海宁、"国际袜都"大唐之类的点状、块状经济不断涌现——浙江湖州织里镇成为全国最大童装生产基地，全国1/3童装来自这个小镇。河南成为全国假发之都，我国也已经成为全球最大的假发生产国和输出国。全球1/3到一半左右的小提琴来自江苏泰兴黄桥镇，全球近1/3的吉他产自山东潍坊的昌乐县鄌郚镇，全国眼镜75%以上、世界眼镜1/3以上由江苏丹阳出品。全国将近一半的泳衣来自辽宁葫芦岛兴城市，全国近50%的家纺市场在江苏南通，中国红木的60%、世界红木家具和制品的一半以上来自福建仙游，全国超过65%的石材出自福建南安市的水头镇……在此基础上发展成的片状经济、面状经济，极大地改变了中国经济地理版图。① 中国经济重心持续向南方转移，人口持续向城市转移，城市及城市群发展提速。

一个非常有意思的现象是，经济先发地区没有像许多国外的城市一样经历快速发展之后陷入停滞，经济社会发展反

---

① 《这些中国特色小镇横扫全世界》，腾讯网，2022年9月12日，https://new.qq.com/rain/a/20220912A01H2S00。

而持续处于领跑位置,甚至形成了良性的地区循环。"经济发展—吸引外地就业—增加财富—政府放管服加速—经济发展""经济发展—地方财力增加—提高基础设施和公共服务水平—促进发展"的经济、社会双循环机制开始发挥作用。经过过去数十年的发展,部分经济先发地区不光在经济上领先,而且基础设施完善程度、公共服务和福利、群众生活水平、政府开明和官员能力、科技创新、营商环境、地方生活舒适度等多个社会发展维度也处于全面引领地位,有可能在今后的发展中仍然拥有优势。而这将对我国本已存在的区域之间、城乡之间、产业之间、群体之间的发展不平衡不协调,带来很大的调节压力。

除了直接作用于区域结构和城乡结构外,经济结构或者更直接地说产业结构,甚至说我国的工业化进程,对于劳动力的数量与质量、对于就业和职业结构、对于收入和消费结构等,都产生了直接或间接的影响。比如,我国由农业国家向工商业国家的转变,其背后当然是工业化诱发的产业和行业发展,其进一步吸引人口到这些产业和行业就业,从而促进了就业由以农民为主转变成以工商业从业者为主,职业结构则由以重体力、非智力型为主转变成以轻体力、知识型为主。

二 市场化程度加深及其影响

由计划经济向市场经济的转型,是中国发展重要的一跃。事实上，部分前社会主义国家或者迟迟没能迈过这个坎，或者为此付出了巨大的经济社会代价。中国是极少数的成功从计划经济转轨到市场经济的国家。在这个过程中，我们不但保持了政权的稳固、社会的稳定，还实现了经济的长足发展。

有人曾经将这个进程总结为三次重大经济制度改革：第一次是20世纪80年代初期，核心是农村联产承包责任制改革与城市企业承包制改革；第二次是1992~1993年，核心是邓小平同志"南方谈话"和十四届三中全会确立了社会主义市场经济体制的发展道路；第三次是1998~2001年，核心是国有企业改革、住房商品化改革及2001年底我国加入世界贸易组织。[①] 而最近一次对我国影响至深的市场化改革则是党的十八届三中全会，其通过的《中共中央关于全面深化改革若干重大问题的决定》指出："经济体制改革是全面深化改革的重点，核心问题是处理好政府和市场的关系，使市场在资源配置中起决定性作用和更好地发挥政府作用。"并从坚持和完善基本经济制度，加快完善现代市场体系、宏观调控体系、开放型经济体系，加快转变经济发展方式，加快建设创新型国家，推动经济更有效率、更加公平、更可持续发展等多个维度，全面启动了我国新时代经济体制改革的进

---

① 张明：《宏观中国：经济增长、周期波动与资产配置》，东方出版社，2020，第24页。

程。总体看,我国市场化程度是不断加深的。① 近年来,我国政府对市场的直接干预在大量减少,商品和服务的国家定价占比很低,非国有经济数量绝对占优,要素市场不断成熟,法治环境不断完善。有学者用政府与市场的关系、非国有经济的发展、产品市场的发育程度、要素市场的发育程度、市场中介组织的发育和法治环境六个方面指数来测量中国的市场化程度,《中国分省份市场化指数报告(2018)》[②]的研究表明,我国市场化总指数 2016 年为 6.72 分,比 2008 年的 5.45 分提高了 1.27 分。其中,东部地区和中部地区进步较快,分别提高 1.80 分和 1.52 分。东北地区和西部地区进展相对较慢,分别提高 0.90 分和 0.80 分。我国商品和服务价格已经由原来的 97% 以上由政府定价,转变为 97% 以上由市场定价。要素市场建设和改革也取得重要进展,资本、土地、劳动力市场从无到有,从小到大,市场配置要素资源的能力明显增强。2019 年,银行间债券市场成交量达 218 万亿元,A 股总市值达 59.29 万亿元,土地出让面积和金额分别达 22.58 万公顷、6.98 万亿元,城镇新增就业 1352 万人,

---

① 事实上,关于市场化的讨论,暗含着一个理论假设,即认为市场这只无形的手能够促进资源的优化配置。从人类经济社会发展史看,完全不干预市场、只当被动"守夜人"角色的政府几乎是不存在的。现代经济学理论一般都会认可,通过市场和政府两个作用的发挥,既强调市场配置资本的基础性作用,又通过政府有力之手纠正市场失灵,才能够有效促进经济社会的协调发展。

② 王小鲁、樊纲、胡李鹏:《中国分省份市场化指数报告(2018)》,社会科学文献出版社,2019。

全国技术合同成交额达到 2 万多亿元。①

党的十九大提出，要健全劳动、资本、土地、知识、技术、管理、数据等生产要素由市场评价贡献、按贡献决定报酬的机制。第一次明确现代市场经济条件下生产要素的范围，大大拓展了我们对传统经济学生产要素的认识。2020 年 3 月，《中共中央、国务院关于构建更加完善的要素市场化配置体制机制的意见》发布，对现代市场条件下的土地、劳动力、资本、技术、数据、管理等生产要素自主有序流动、提高配置效率做出安排，提出坚持深化市场化改革、扩大高水平开放，破除阻碍要素自由流动的体制机制障碍，扩大要素市场化配置范围，健全要素市场体系，推进要素市场制度建设，实现要素价格市场决定、流动自主有序、配置高效公平。从而促进生产要素从低质低效领域向优质高效领域流动，引导各类要素协同向先进生产力集聚，推动经济发展质量变革、效率变革、动力变革。近年来，中央政府和地方政府加快打造市场化、法治化、国际化营商环境，让市场在资源配置中发挥决定性作用。世界银行发布的《2020 年营商环境报告》显示，由于"大力推进改革议程"，中国连续两年跻身全球优化营商环境改善幅度最大的十大经济体，全球营商便利度排名升至全球第 31 位。

---

① 陆娅楠：《要素市场化配置改革迈大步》，《人民日报》2020 年 4 月 10 日，第 6 版。

习近平总书记2018年11月在民营企业座谈会上的讲话指出，截至2017年底，我国民营企业数量超过2700万家，个体工商户超过6500万户，注册资本超过165万亿元。民营经济具有"五六七八九"的特征，即贡献了50%以上的税收，60%以上的国内生产总值，70%以上的技术创新成果，80%以上的城镇劳动就业，90%以上的企业数量。在世界500强企业中，我国民营企业由2010年的1家增加到2018年的28家。从社会结构角度看，民营经济的发展对于我国社会财富的增加、社会权力乃至社会资源的再配置，无疑会起到非常重大的作用。从而，会直接影响到我国的收入分配结构、职业结构、城乡结构、地区结构、消费结构、阶层结构和社会的组织结构等多个子结构。

国企改革是本轮市场化改革的重头戏之一。国有企业加强党的领导、推进混合所有制改革、强化和规范干部激励问责、推进员工持股、强化国资监管等方面的举措，促进国有企业做大做强（特别是做大）的进程加快。他们利用天然身份、金融支持、产业布局、人力资源、市场垄断等方面的综合优势，在各个市场容量较大的行业纵横捭阖、抢滩占地，经营效益明显提高，国有资产和企业利润均实现了较快增长，20世纪末国有企业经营普遍困难、竞争力差、对人才吸引力弱的状况彻底改观。

与此同时，虽然不乏经营规范、创新能力强、盈利水平高的民营企业，但毋庸置疑，数量巨大的民营企业依靠人脉、关系、投机式甚至掠夺式经营而爆发式获得财富的"野蛮生长"模式，①或者因为市场日益规范、生产要素配置日益公开公正，或者因为自身创新能力不强、再发展动力不足，或者因为受到外部政策强大约束（如山西对煤矿资源的整合，2017年有关部门对安邦、华信、万达、海航、复兴等特大民企的依法规制等），都使其长期通过资本原始积累阶段形成的经营手法、发展路径不再好用。还有一个重要背景是，我国经济经历高歌猛进后，于2008年进入下降通道，进入经济结构调整期。多数从事传统产业的民营企业受创新能力不足、转型困难，又同时面临原材料价格飞涨、资金链紧张、房租上涨、劳动力成本上涨、产能过剩、价格战凶猛等外部环境，虽然这个时期，从中央到地方出台了大量的扶持民营经济、帮助解决民营企业融资等难题的政策，但效果并不明显。

多个因素作用下，民营企业经营不善以至破产倒闭现象开始出现，民营企业投奔国有经济寻求庇护也开始流行。"国进民退"不但在部分地区成为现实，而且成为舆论热点。甚至一度出现"民营企业退场论"的说法。直到2018年11

---

① 《野蛮生长》是地产商人冯仑于2013年10月出版的一本书，由广东人民出版社出版。号称"地产界的思想家"的冯仑用独特的语言描绘了自己及同一代企业家的"野蛮"成长过程。他将之概括为：资本家的工作岗位，无产阶级的社会理想，流氓无产阶级的生活习气，士大夫的精神享受；喜欢坐小车，看小报，听小曲；崇尚学先进，傍大款，走正道。

月，习近平总书记亲自主持召开民营企业座谈会，并发表重要讲话，提出，"改革开放40年来，民营企业蓬勃发展，民营经济从小到大、由弱变强，在稳定增长、促进创新、增加就业、改善民生等方面发挥了重要作用，成为推动经济社会发展的重要力量。支持民营企业发展，是党中央的一贯方针，这一点丝毫不会动摇。"并从减轻企业税费负担、解决民营企业融资难融资贵问题、营造公平竞争环境、完善政策执行方式、构建亲清新型政商关系、保护企业家人身和财产安全等六个方面，提出要进一步促进民营经济更好发展。此后，国有企业、民营经济的模糊思想被彻底廓清，但从民营经济发展现状看，仍然面临许多困难。这可能是中国式市场化的特有现象，即在市场化程度加深的同时，各类企业在发展环境、资源获取等方面，不可避免地受到政治和社会环境的影响。如何使市场在资源配置中起决定性作用，让企业这个微观主体真正实现公平竞争，仍然有许多课题需要解决。

还要看到，同商品市场相比，我国要素市场发育还不完善，存在市场决定要素配置范围有限、要素流动存在体制机制障碍、要素价格传导机制不畅等问题。资本、劳动力、土地是非常重要的生产要素，对于财富生成与分配有着非常直接的影响。但令人遗憾的是，虽然这些要素配置的市场化在不断推进，但金融行业的过度管制、户籍制度及附加其上的福利差异、城乡土地分割与征地制度等，不断扭曲了市场经济的发育，造成我国企业间接融资占比过高、融资难融资贵，房地产市场一度虚火过旺、部分地方依赖"土地财政"，社会成员跨地区流动成本过高、农民工融入城市难、城乡差距不断拉大等现象。同时，市场体系还不健全，生产要素的市场化程度低甚至双轨制①，也成为收入分配结构、城乡结构、阶层结构等社会结构调整的障碍。比如，近年来金融行业、房地产业的平均工资收入水平远远高于社会平均水平，而从事制造业、服务业的普通员工收入增长则远远落后。在不合理的生产要素配置背景下，我国社会成员的收入分配和财富状况差距不断拉大，城乡间、地区间、行业间、部门间、不同群体间的收入与财富有向生产要素掌握者和操纵者过度倾斜的趋势。② 在这个过程中，政府收入分配和财富调节的政策未能及时跟进，或者执行不到位，会逐渐形成利益群体和利益分割，对扩大中间收入阶层、促进阶层关系和谐都产生重大影响。

三 城市化：中国千年未有之大变局

作为一个有悠久农耕文明的国家，我国曾经长期是个农

---

① 《王一鸣：生产要素双轨制制约经济转型》，新浪财经，2013年11月19日，http://finance.sina.com.cn/hy/20131119/123717366799.shtml。
② 当然应当看到，这是实行市场经济国家的普遍现象。托马斯·皮凯蒂的《21世纪资本论》用大量的数据和案例反映了这一点。我国的问题是，除了市场经济导致的收入、财富向生产要素优势群体集中外，扭曲的市场机制、要素自由流动的各种障碍加剧或者强化了收入与财富的分化。

业、农村、农民大国。我国于改革开放后城镇化步伐大大加快，大规模快速城镇化是中国式现代化的最重要特征之一，"堪称世界城镇化奇迹"。① 由乡土中国变为城市中国，这是千年未有之大变局，其带来的影响不仅是中国的，也是世界的。诺贝尔经济学奖获得者斯蒂格利茨就曾说过："中国的城镇化与美国的高科技发展将是影响21世纪人类社会发展进程的两件大事。"

从城市化的本质看，首先是人口向城市的集中，其次是产业发展导致的各类资源向城市的集中。"从城乡规划学的核心关切来看，城镇化过程即人口和产业活动在空间上的集聚过程，这一过程深受人口结构、经济模式和制度安排的影响"。② 更具体地说，"自改革开放以来到20世纪90年代中期，中国城镇化动力机制主要为农村剩余劳动力的增长和城市第三产业的快速发展以及城乡教育条件差异等。20世纪90年代中期以后，中国城镇化动力机制向多元化发展，流通、外资外贸、城市基础设施等表现出色。实际上，中国城镇化的动力系统应该较上述两个状态更为复杂，其中中国农村存在大量的乡镇企业，吸引了农村剩余劳动力从事农村第二和第三产业，因而农村生产不仅仅是第一产业的生产，还

---

① 魏后凯、李玏、年猛：《"十四五"时期中国城镇化战略与政策》，《中共中央党校学报》2020年第4期。
② 乔艺波：《改革开放以来中国城镇化的演进历程、特征与方向——基于人口、经济与制度视角》，《城市规划》2020年第1期。

有农村的第二、第三产业生产。同时,资源开发要素导致的生态环境问题对城乡人口数量增减、生活方式变化、区内区际迁移等也都产生影响,这样环境系统也成为中国城镇化动力系统的组成部分之一……城乡健康保健、粮食生产、科技水平、投资来源、土地政策、财政政策、农业生产政策和计划生育政策等都直接对中国城镇化动力系统中的人口系统和生产系统产生作用。这些就是最基本的中国城镇化动力系统的内部要素(子系统)和系统边界。"[①] 当然,在城市化的不同阶段,受多种因素影响,城市化呈现不同的特点(见表3-2)。

表3-2 1949年以来中国城镇化的演进特征

时间阶段	城镇化进程	人口结构	经济模式	制度安排	农业转移人口流动状态	农业转移人口空间状态
1949~1977年	抑制甚至反城镇化	鼓励生育政策导向下庞大的农村人口总量	重工业优先	以户籍制度为载体的十四种不平等制度安排	除升学、参军等少数途径外禁止流动	服从计划,征发劳工
1978~1991年	自下而上城镇化	制度改革显化农村剩余劳动力	乡镇企业主导的轻工业消费品生产	双轨制渐进改革,家庭联产承包责任制,取消统购统销	非法的"盲流"	"离土不离乡,进厂不进城",小城镇

[①] 顾朝林、管卫华、刘合林:《中国城镇化2050:SD模型与过程模拟》,《中国科学:地球科学》2017年第7期。

续表

时间阶段	城镇化进程	人口结构	经济模式	制度安排	农业转移人口流动状态	农业转移人口空间状态
1992~2012年	流动城镇化	人口机会窗口开启	出口和投资驱动型	社会主义市场经济体制，户籍制度松动	持"暂住证"合法流动的农民工	尤其侧重沿海大中城市
2013年~	新型城镇化	人口机会窗口趋于关闭，人口拐点逐渐到来	走向创新和内需驱动型	全面深化改革	能够获得"居住证"的新市民	部分在城市定居，部分返回，流出乡镇

资料来源：乔艺波《改革开放以来中国城镇化的演进历程、特征与方向——基于人口、经济与制度视角》，《城市规划》2020年第1期。

在看到多元社会发展推动了我国的城市化进程之外，还要看到，城市化本身也构成一种动力机制，反过来又对社会发展的其他变量产生影响，推动了我国社会结构的变迁。"快速的城镇化不仅带来了产业升级、技术进步、空间集聚以及农业制度变迁等正面效应，同时也带来了农业有效劳动力短缺、耕地面积减少以及农村产业结构遭受冲击等诸多问题。"[1] 还有研究表明，城市化过程在促进人口从农业部门向非农部门转移的同时，还导致转移人口素质的提升。[2] 因为在城市化过程中，优质生产资源不断集聚，人力资本积累效

---

[1] 高延雷、王志刚：《城镇化是否带来了耕地压力的增加？——来自中国的经验证据》，《中国农村经济》2020年第9期。
[2] 薛钢、陈思霞、蔡璐：《城镇化与全要素生产率差异：公共支出政策的作用》，《中国人口·资源与环境》2015年第3期。

应逐步显现，同时基于"干中学"效应和知识集聚效应的外溢性，都为提高社会全要素生产率奠定了基础。① 在这样一个互相促进、彼此强化的循环中，社会多因素变量推进城市化，城市化又反作用于各社会因素，从而呈现非常复杂的交互影响图景。在这里，我们只选择其中最重要的社会资源变量之一——基于城镇化诱发的土地及其相关收益等经济资源配置来展开讨论。

进入 21 世纪以来，"土地城市化"无疑是中国城市化最重要的特征之一。由于我国实行城市土地和农村集体土地两种土地性质。为破解城市土地资源有限困境，只有源源不断地想办法把农业用地转变为城市建设用地、把农村集体土地转为国有土地，才能让城市获得更多的发展资源。在相当大的程度上可以说，我国城市面积的扩张是与农村集体土地的减少呈正相关的。1990 年，我国城市建成区面积为 12865 平方公里，2000 年达到 22438 平方公里，2010 年达到 40058 平方公里，2020 年达到了 60721 平方公里。同期城市建设用地面积也呈现几乎相同的增长趋势。1990 年为 11608 平方公里，2000 年达到 22114 平方公里，2015 年达到 51584 平方公里，2018 年达到了 56076 平方公里。城市扩张的过程，也是

---

① Henderson J V, Wang H. G. Urbanization and City Growth: The Role of Institutions. Regional Science and Urban Economics, 2007（3），pp. 283 – 313。转引自赵莎莎、张东辉、陈汝影《中国城镇化水平和人力资本对全要素生产率的影响》，《城市问题》2019 年第 7 期。

征用土地面积扩大的过程。从 2008 年到 2018 年，11 年间全国共征用土地 19005 平方公里，比同期城市建设用地多 2000 多平方公里（见表 3-3）。

表 3-3　1990 年以来我国城市面积变化情况

年份	城区面积（平方公里）	建成区面积（平方公里）	城市建设用地面积（平方公里）	征用土地面积（平方公里）	城市人口密度（人/平方公里）
1990	1165970	12865	11608		279
1995	1171698	19264	22064		322
2000	878075	22438	22114		442
2008	178110	36295	39141	1345	2080
2009	175464	38107	38727	1505	2147
2010	178692	40058	39758	1642	2209
2011	183618	43603	41861	1842	2228
2012	183039	45566	45751	2162	2307
2013	183416	47855	47109	1832	2362
2014	184099	49773	49983	1476	2419
2015	191776	52102	51584	1549	2399
2016	198179	54332	52761	1714	2408
2017	198357	56225	55156	1934	2477
2018	200896	58456	56076	2004	2546
2019	200570	60313			2613
2020	186629	60721			2778

资料来源：国家统计局国家数据网和《2019 中国统计年鉴》。

注：2006 年以前"城区面积"为"城市面积"。

城市面积扩大有如下几种推动力。其一是地方招商引资过程中建设各种开发区、高新区、工业园区、物流园区等占用土地。县级间的良性竞争是中国经济持续调整增长的最重要原因之一。① 为了鼓励各级干部积极作为，我国施行地方官员的"晋升锦标赛治理模式"。② 其中，代表经济增长的 GDP 指标和代表地方可用财力的税收指标，是地方官员长期最为看重、在个人职务晋升中作用最强的两个指标,③ 招商引资也是许多地方政府放在最突出位置的工作。为了在项目竞争中获得优势，压低土地成本、进行税费减免和补贴等政策，几乎是所有地方政府的普遍性做法。由此导致的结果就是尽可能地降低征地成本，实行政府主导的土地一级开发和"三通一平"等"熟地供应制"。自 1984 年设立首批国家级经济技术开发区以来，经多轮清理整顿，我国 2006 年版《中国开发区审核公告目录》共公告符合条件的 1568 家开发区。而在 2018 年国家发展改革委、科技部、国土资源部、住房和城乡建设部、商务部、海关总署发布的 2018 年版《中

---

① 张五常：《中国的经济制度》，中信出版社，2009。
② 周黎安：《中国地方官员的晋升锦标赛模式研究》，《经济研究》2007 年第 7 期。
③ 党的十八大以来，"唯 GDP 论"有所刹车。特别是 2013 年 6 月习近平总书记在全国组织工作会议上强调，"要改进干部考核方法手段，把民生改善、社会进步、生态效益等指标和实绩作为重要考核内容，再也不能简单以国内生产总值增长率来论英雄"。党的十八届三中全会审议通过《中共中央关于全面深化改革若干重大问题的决定》，在转变政府职能方面，强调要"完善发展成果考核评价体系，纠正单纯以经济增长速度评定政绩的偏向"。此后，我国大力推进干部树立正确的政绩观，并切实采取措施淡化 GDP，强调绿色 GDP、多元 GDP 等指标体系。但鉴于 GDP 指标的明晰化、可对比，以及长期的指挥棒导向作用，毋庸讳言，到目前为止，经济增长指标仍然是各级官员非常看重的。

开发区审核公告目录》中，包括2543家开发区，其中国家级开发区552家、省级开发区1991家。与2006年版《目录》相比，增加了975家开发区。根据中国开发区网的数据，截至2021年进一步增加到2781个（见表3-4）。事实上，地市、县、乡镇甚至村庄都还有各种形式的产业园区，数量和占地规模也相当可观。

表3-4 全国省级以上开发园区

单位：家

开发区类型	国家级经开区	国家级高新区	海关特殊监管区	边/跨境合作区	国家级自贸区	国家级新区	国家级自创区	其他国家级开发区	省级开发区
数量	230	172	166	19	21	19	23	24	2107

资料来源：中国开发区网，https://www.cadz.org.cn/index.php/develop/index.html。

其二是以房地产和基建为主的增长模式推动城市面积扩大和占用土地。1998年以后，随着我国住房制度改革，住房实物分配制度终结、房地产业快速市场化、打通房地产和金融业的按揭政策实施，加之不少地方开始有利用房地产拉动地方经济的动机，房地产投资快速发展，房地产业成为城市经济的支柱产业。2003年以来，随着住房市场火爆和价格持续上扬，虽然其间政府进行了非常严格的多轮、多项、多样化调控，但房地产业仍然飞速发展。1998年、1999年，中国每年新建房销售量达到1亿平方米，2007年达到近7亿平方米，2012年增长到12亿平方米，2018年后虽然增速减缓，但连续四年保持在17万平方米以上。经济增长过度依赖投资一直是中国经济的显性特点。特别是2008年国际金融危机爆发后，加之对外贸易对经济增长的正贡献率持续下降，为了对冲经济下行压力以及可能由此传导为社会风险，固定资产投资长期处于高位，基础设施建设步伐不断加快，搞工程、上项目、"铺摊子"是经济主旋律。全社会固定资产投资从2000年的不到3.3万亿元，增长到2010年的25万亿，再到2021年的55万亿元，20年期间增长了近16倍。2000~2021年，城镇固定资产投资也由2.6万亿元，增长到54万亿元（见表3-5）。其中，2008年"四万亿计划"的出台，将基础设施建设推向高潮，以房地产和基建为主的投资驱动型经济发展模式逐渐占据越来越重要的地位。此后，我国长期陷入基建投资的过度依赖中。而大规模的房地产开发和固定资产投资都是与土地的开发利用息息相关的。

表3-5 我国固定资产投资情况

单位：亿元

年份	全社会固定资产投资	固定资产投资（不含农户）	房地产开发投资
1980	910.9		
1981	961	711	
1982	1230	901	
1983	1430	1014	
1984	1833	1279	
1985	2543	1866	
1986	3121	2300	101

续表

年份	全社会固定资产投资	固定资产投资（不含农户）	房地产开发投资
1987	3792	2731	150
1988	4754	3432	257
1989	4410	3134	273
1990	4517	3274	253
1991	5595	4058	336
1992	8080	6080	731
1993	13072	10303	1938
1994	17042	13534	2554
1995	20019	15644	3149
1996	22974	17567	3216
1997	24941	19194	3178
1998	28406	22491	3614
1999	29855	23732	4103
2000	32918	26222	4984
2001	37214	30001	6344
2002	43500	35489	7791
2003	53841	44389	10154
2004	66235	55475	13158
2005	80994	68514	15909
2006	97583	82835	19423
2007	118323	101212	25289
2008	144587	124434	31203
2009	181760	156933	36242
2010	218834	189964	48259
2011	238782	229693	61797
2012	281684	271843	71804

续表

年份	全社会固定资产投资	固定资产投资（不含农户）	房地产开发投资
2013	329318	318772	86013
2014	373637	362881	95036
2015	405928	395518	95979
2016	434364	424399	102581
2017	461284	451729	109799
2018	488499	478461	120165
2019	513608	504212	132194
2020	527270	518907	141443
2021	552884	544547	147602

来源：国家统计局国家数据网。

其三是制度约束下的地方政府对作为发展资源的土地争夺加剧了土地占用状况。在全社会对财富的追求下，土地的财富性质被充分挖掘。其中不免泥沙俱下、参差不齐。如前所述，除了合法的各类开发区之外，地方未经批准或手续不齐备的产业园区、工商业项目大量出现和上马。利用占补平衡、土地指标交易等方式，不少地方打政策擦边球，违法多占土地或"占好地补差地"，或者违反相关规定跨地区、跨品种进行指标交易。城中村、城郊村或者近郊村违规开发建设和交易所谓的"小产权房"，假借蔬菜大棚、家庭农场等名义进行房地产开发销售。部分大型房地产公司与地方政府"合谋"，打着旅游开发、产业小镇等旗帜，进行声势浩大的圈地运动。少数具有政府背景或者收买了相关官员的房地产公司，大量囤地"批而不用、待价而沽"。在法律不健全、执法不严格的背景下，一些农村集体和农用地、农村建设用地、宅基地所有人（或实际使用人）利用法律政策漏洞和监管空隙，非法改变土地性质、进行项目开发和建设活动、违法谋取土地增值收益。还有一些工商资本，打着新农村建设、乡村振兴的幌子，利用"三农"发展的资金、资本饥渴症机遇，到农村去占用土地，从事非农产业经营和房地产开发。另外，近年在地方官员对城市化看法发生变化的情况下，用行政手段不断扩大城市面积，进行邻近地域的整合，将原市县改区、乡改镇，并进行较大强度的基础设施建设和公共项目开发。

正是在这样的大背景下，土地制度改革一直是我国历次改革的硬骨头。鉴于土地本身就是重要的财富，而将其与其他生产资料、生产方式、利用方式组合就能够进一步催化其财富增值速度，扩大其财富增值空间，所以一场针对土地及其增值收益的"争夺"就不可避免地发生了。虽然中央反复强调保住"十八亿亩耕地红线"、强调征地要保护农民利益、强调土地利用规划权威性、强调"房住不炒"、强调不能变相搞房地产、强调地方不能搞"土地财政"，但地方政府、房地产开发商、工商资本、农村集体与农民的赢利冲动仍时有发生。

当然，土地及其增值收益的分配是一个非常敏感而复杂的话题。事实上，法律、政策只提供了一个各利益相关方的协商基础，其最终的分配结果在很大程度上取决于多种博弈的结果。① 具体来说，地方政府是非常重要的利益获得者一方。1994年的分税制改革重新划分和调整了中央政府和地方政府财税关系。在这个新的税制框架下，中央财政收入占全国财政收入的比重提高。2002年实施了所得税收入分享改革，企业所得税和个人所得税统一由中央和地方按60∶40的比例分享，并明确中央因改革集中的收入全部用于对地方特别是中西部地区的均衡性转移支付。党的十八大特别是十八届三中全会后，全面推进营业税改征增值税，对中央和地方收入划分再作调整，将原属地方收入的营业税（已经改为增值税）以及中央和地方按75∶25比例分享的增值税，统一调整为中央和地方按50∶50的比例分享。将环境保护税作为地方固定收入，同时完善了增值税留抵退税分担机制。但总的来看，在税改过程中，地方政府出现了"财权小事权大"的困境和多数地方财政收入"入不敷出"的状况，相当多的地方要依靠来自中央政府的转移支付才能平衡预算。经过不断深化财税体制改革，这种状况有所改善，但仍然保持了一般公共预算中中央政府的强势优势地位。经过收支划分和转移支付调节，"以2019年数据测算，中央和地方收支情况如下：全国财政收入中，中央本级收入占46.9%，地方本级收入占53.1%。全国财政支出中，中央本级支出占14.7%，地

---

① 张林江：《围绕农村土地的权力博弈：不确定产权的一种经验分析》，社会科学文献出版社，2012。

方本级支出占 85.3%。中央财政可支配收入中，用于对地方转移支付的部分占 67.9%，用于安排中央本级支出的部分占 32.1%。地方财政总支出中，来源于本级收入的占 63.5%，来源于中央转移支付的占 36.5%。"①

地方政府一般公共预算"钱不够用"，就只能从政府性基金、国有资本经营预算、社会保险基金预算上"作文章"。其中，国有土地出让收入大部分为地方收入，2000 年之后土地出让金逐渐成为地方政府最重要的预算外收入来源。"地方政府官员可谓'微观经济学'专家，他们清楚地知道，土地是一种需求价格弹性较低的商品。要最大化土地出让金收入，就应当降低土地供应量，由此带来的土地价格上升将会导致土地出让金收入最大化。"② 根据财政部《关于 2019 年中央和地方预算执行情况与 2020 年中央和地方预算草案的报告》，③ 2019 年，全国地方一般公共预算收入 175491.92 亿元，其中，本级收入 101076.82 亿元。全国政府性基金预算收入 84515.75 亿元，地方政府性基金预算本级收入 80476.13 亿元，其中，国有土地使用权出让收入 72584.42 亿元。也就是

---

① 刘昆：《我国的中央和地方财政关系》，中国人大网，2020 年 8 月 12 日，http://www.npc.gov.cn/npc/c30834/202008/08bd6bb3168e4916a2da92ac68771386.shtml。

② 张明：《宏观中国：经济增长、周期波动与资产配置》，东方出版社，2020，第 148 页。

③ 财政部：《关于 2019 年中央和地方预算执行情况与 2020 年中央和地方预算草案的报告》，2020 年 5 月 30 日，中国政府网，http://www.gov.cn/xinwen/2020-05/30/content_5516231.htm。

说，地方全口径收入中，地方本级收入与国有土地使用权出让收入比例约为10∶7。这还不算与土地开发相关联的其他税费。"近些年来，在中央和地方的全部财政收入中，房地产税费约占35%，考虑到房地产税费属地方税、地方费，与中央财力无关，其与地方财力相比较则所占比重过高。全国10万亿元地方税中，有40%与房地产有关，加上3.7万亿元的土地出让金后，13万亿元左右的全部地方财政预算收入中，有近8亿元与房地产有关。政府的活动太过于依赖房地产，地方政府财力离不开房地产"。[1]

各类工商企业特别是房地产开发商是土地及其增值收益的主要分享者之一。我国国民生产总值快速增加的同时，大量工商企业快速成长。仅以房地产企业为例。恒大、碧桂园、万科、融创、中海、保利、龙湖、新城、华润、富力等一大批房地产企业由小变大变强，经历了一个飞速成长、大规模扩张的道路。根据中国房地产业协会、上海易居房地产研究院中国房地产测评中心共同评选出的《2020中国房地产500强榜单》，2019年，500强房企总资产均值达到人民币711.50亿元。其中，领头羊恒大地产在中国280多个城市拥有870多个项目，2019年合约销售额6011亿元，同时还拥有旅游地产、健康地产等板块。而《财富》杂志评选的

---

[1] 黄奇帆：《建立房地产调控五大长效机制》，载黄奇帆《结构性改革——中国经济的问题与对策》，中信出版社，2020，第243页。

"2020中国企业500强"中，地产行业仍然是入榜公司最多的行业，共有53家地产公司上榜，收入总额达到4.5万亿元。进入21世纪以来，虽然国家政策对于房地产实施了严格的数轮调控，部分地区也出现了房地产饱和、经济发展不景气等现象，但全国各地特别是中等以上城市房价长期坚挺，而一些二三四线城市也出现了房价持续补涨现象。房地产业的勃兴、房地产公司财富的增长，无疑都源于土地这个最基本要素的获得。由于房地产业是一个资金密集型产业，金融系统包括银行、信托、证券、基金、保险等各类金融企业也参与到为房地产开发融资、提供专业服务等工作中，也在土地增值收益中分得了一杯羹。

由于房价的持续上升，先购买房产者都享受了房价红利，也参与了土地及其增值收益的分配。根据中国人民银行调查统计司城镇居民家庭资产负债调查课题组于2019年10月中下旬在全国30个省（自治区、直辖市）对3万余户城镇居民家庭的调查，城镇居民家庭户均总资产317.9万元。家庭资产以实物资产为主，74.2%为住房资产，户均住房资产187.8万元。居民住房拥有情况相对均衡。城镇家庭住房拥有率为96.0%，有一套住房的家庭占比58.4%，有两套住房的占比31.0%，有三套及以上住房的占比为10.6%，户均1.5套。而美国住户总体的住房拥有率为63.7%，低于我国32.3个百分点。按家庭收入从低到高排序，美国收入最低20%家庭的住房拥有率仅为32.9%，而我国收入最低20%家庭的住房拥有率也为89.1%。另外,15.9%的城镇居民家庭拥有商铺或厂房等经营性资产,这些家庭的经营性资产均值为257.5万元,占其家庭总资产的33.1%。城镇居民家庭负债率高,为56.5%,家庭负债结构相对单一,负债来源以银行贷款为主,房贷是家庭负债的主要构成,占家庭总负债的75.9%。[①]

作为土地市场的被动方,被征地农民也获得了部分经济补偿。而近年随着房价、地价的飙升,城中村、近郊村的拆迁成本及补偿不断上升,从而出现了一些因拆迁而致富的家庭,还出现了所谓的"拆二代"现象。而"小产权房"及各类城镇家庭的私搭乱建行为,让部分人也获得了非法土地收益。城镇土地增值收益分配的基本结构参见图3-1。

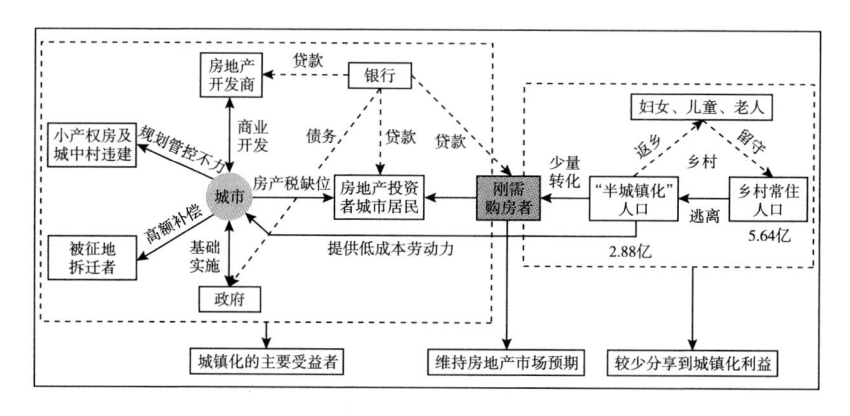

图3-1 我国城镇化收益利益分配

资料来源:乔艺波《改革开放以来中国城镇化的演进历程、特征与方向——基于人口、经济与制度视角》,《城市规划》2020年第1期。

---

① 中国人民银行调查统计司城镇居民家庭资产负债调查课题组:《2019年中国城镇居民家庭资产负债情况调查》,《中国金融》2020年第9期。

总体来看，我国城镇化进程中的土地及其增值收益向城镇、向地方政府、向资本集中的利益格局已经形成，并且得到了法律、政策的支持，未来不采取大的土地改革举措很难扭转。① 这可能是城镇化的意外之果，体现出城镇化对财富的生成和分配机制的强大塑造。

四 经济全球化：国际国内多重嵌套社会结构及其影响

"经济全球化的力量，已渗透中国的生产、流通、金融、能源以及各种服务业，越来越成为影响中国经济社会生活的一种特殊力量。"② 而且，全球化以强势逻辑，将其通行模式对世界进行着"格式化"。有学者曾经以金融资本主义对世界的影响来说明这个过程。"相比波兰尼提出的第一次'大转型'，金融资本主义的出现堪称影响更深远的第二次'大转型'，金融资本主义的全球化扩张使其力量超越了民族国家的范围，政府、企业、家庭和个人等行为主体

---

① 根据2020年9月23日中共中央办公厅、国务院办公厅印发的《关于调整完善土地出让收入使用范围优先支持乡村振兴的意见》，从"十四五"第一年开始，各省（区、市）要分年度稳步提高土地出让收入用于农业农村的比例；到"十四五"期末，以省（区、市）为单位核算，土地出让收益用于农业农村的比例要达到50%以上。

② 李培林：《东方现代化与中国经验》，载李培林、李强、马戎主编《社会学与中国社会》，社会科学文献出版社，2008，第1页。

都日益受到金融市场的指引和重塑,导致'社会生活金融化'趋势。其重要后果是,金融市场与社会脱嵌的趋势日益明显,逐渐侵蚀着国家、工会、市民社会等力量,加剧了发达资本主义国家的就业危机、贫富分化和结构性的不平等。"[1]

对外开放是中国的基本国策。在对外开放过程中,引入世界先进技术、先进设备、先进管理和资本,将其与我国劳动力数量优势、土地等资源和生态环境成本低的优势结合起来,从而通过生产资料再组合实现多方共赢,再借此打破旧的体制机制障碍推进改革,这是我国引入外资、外技的初始故事。随着我国对外开放的大门越开越大,中国工业化直接与广阔的国际市场挂钩,中国商品以令人难以置信的性价比行销全球,对外贸易保持良好的发展势头,"made in china"成为许多产品的必备标签。中国占据了汽车配件、中低端机械、纺织品、服装、鞋履、箱包、家具、塑料制品、文具、打火机等日用品及电脑手机等电子产品等众多商品的绝大部分份额,我国的贸易伙伴和终端客户遍及世界每一个角落。

随着工业生产所需原材料的大量增加,原油、铁矿石、煤炭、有色金属矿、大豆棉花等农产品等进口量增长很快,

---

[1] 杨典、欧阳璇宇:《金融资本主义的崛起及其影响——对资本主义新形态的社会学分析》,《中国社会科学》2018年第12期。

我国成为全球大宗商品最重要的买家之一。2000年以后，中国的对外贸易在经济中占比过大，甚至一度飙升到近70%。①经过长期艰苦的谈判，2001年中国加入世界贸易组织。在其后的几年里，中国迅速成为全球制造业中心，出口导向型发展战略主导了整个经济发展过程。2004年7月新的《中华人民共和国对外贸易法》开始实施，我国取消了对外贸经营权的审批制。在2007年，我国的对外贸易依存度（对外贸易额占GDP的比重）高达65%，经常项目余额占GDP的比重高达11%。由是，利用两种资料和打开两个市场、统筹国内经济建设和发展对外经济贸易，成为20世纪90年代至2008年我国经济的最重要特点。这一时期，我国外汇储备快速增长，通过"出口创汇—投资品进口—扩大投资—工业化与产业结构升级—经济增长—扩大进出口"这一循环过程，对外开放不断深化，实现了外贸促进经济增长及外贸与工业化相互支持、协同发展的良性格局。②中国经济总量的增长不仅与对外联系的扩大呈正相关，而且与对世界经济的影响成正比。中国经济已经成为拉动世界经济增长的主动力，中国的需求变动对世界市场的影响凸显，中国公司通过贸易、投资和其他经营活动实际上在扩大对国外市场的影响力，

---

① 张蕴岭：《中国对外关系40年：回顾与展望》，《世界经济与政治》2018年第1期。
② 彭波：《新中国70年外贸发展：从小兔到大象》，观察者网，2019年9月20日，https://www.guancha.cn/pengbo/2019_09_20_518582_s.shtml。

中国人开始走向世界，出国学习、到国外经商投资的人越来越多。

  2008年美国次贷危机之后，包括经贸关系在内的世界格局发生深刻变化，但我国仍然在一定程度上延续了与世界的经贸关系势头。2009年，我国出口额达12016.1亿美元，跻身全球第一大出口国。2013年，我国进出口总额达41589.9亿美元，首次超过美国成为世界第一大货物贸易大国。而且，我们实现了出口商品结构的优化。我国出口商品从以初级产品为主到以工业制成品为主，从以轻纺等劳动密集型产品为主到以手机、集成电路和高新技术产品等资本密集型产品为主，更多拥有自主知识产权、高技术含量、高附加值、绿色低碳的产品走出国门，走向世界。2012年，我国超越德国、美国跃升为世界第一大机电产品贸易国。进口方面，先进技术、设备和关键零部件，服务于国民经济发展的物资以及能源资源类产品进口一直保持增长。外贸新业态新模式不断涌现，跨境电子商务、服务贸易等获得快速发展，带动外贸升级作用进一步显现。2020年第一季度，东盟超过欧盟成为我国第一大贸易伙伴。2006年以来，中国对世界经济增长的贡献率稳居世界第一。2019年以来中国对世界经济增长贡献率均达30%以上，超过美国和日本贡献率总和，持续成为世界经济增长的主要动力源。2021年，中国对外贸易达到39.1万亿元人民币，占全球贸易总额的13.5%，东盟、欧盟、美国、韩国、日本分别为中国前五大贸易伙伴。

但这一时期，从外部环境看，全球主要经济体经济增长困难，世界经济贸易增速放缓，单边主义、保护主义抬头，全球产业链供应链因非经济因素而面临冲击。中国积极参与国际经济治理，参加并在国内承办了许多国际会议，推动联合国制定的2030发展议程。推出基于新型发展合作理念的"一带一路"倡议，牵头建立亚洲基础设施投资银行、金砖国家新开发银行，设立丝路基金等。同时，积极推动中非合作、中拉合作、中国—东盟合作、东亚合作等。为阻遏中国的发展，美国单方面挑起一系列经贸摩擦，并演化成"关税战""技术战""金融战""舆论战""意识形态战"等多种形态，对中国的出口、就业和经济增长带来冲击和影响，也挫伤了全球经济信心。

国际关系特别是国际经贸关系的背后，是多重嵌套的国际国内社会结构，是结构不合理但过程又具有一定合理性的国家间分工，以及基于产业分工基础上的国内就业、职业结构和社会分层结构。

其一，中国作为世界经济增长的重要引擎和稳定器，为世界提供了丰富商品、创造了大量就业，促进了世界经济的发展。

在《21世纪资本论》中，托马斯·皮凯蒂用18世纪工业革命以来大量翔实的数据表明，人类社会近300年的财富和收入分配是不平等的。资本的回报率仍然高于经济增长率，高于劳动回报率，收入差距扩大是不争的事实。正是不加制约的资本主义导致了财富不平等的加剧，自由市场经济绝对不可能自发解决财富分配不平等问题。①从20世纪80年代以来，经济全球化加速，以中国为代表的一批新兴市场国家崛起，发达国家的资本和技术进入"跑马圈地"阶段，几乎可以不受限制地在全球谋取高额利润。新兴市场的充沛劳动力和逐渐增长的市场购买力，为以跨国公司为代表的大资本提供了源源不断的回报。部分国家利用自己的资本、技术、货币、影响力等优势地位，通过向新兴市场进行投资、出口技术和服务、收取铸币税、进口廉价商品等多重方式，确保本国和本国国民处于全球"食物链"的上游，维持多数国民较好的中产阶级生活。比如，从国别贸易的对比看，"中国进口一架飞机平均要2100万美元，出口一双鞋只有2.5美元，中国要出口840万双鞋才能换来一架飞机。"②

美国政坛传奇人物、经济学家林登·拉鲁什曾提出，从20世纪60年代起，美国经济便开始逐步被金融寡头所掌控，他们借此掌握了美国各种权力。美国从此开始走向衰退，从

---

① 〔法〕托马斯·皮凯蒂：《21世纪资本论》，巴曙松等译，中信出版社，2014。这本书在引起全球性轰动的同时，也收获了不少批评和质疑。但几乎所有的参与者都不得不承认一个基本事实，那就是从全球范围看特别是观察资本主义世界，财富分化是客观的事实，而且有愈演愈烈的迹象。美国前几年"99%反对1%运动"、近年民粹主义兴盛、部分国家内部矛盾上升，都能从中找到部分解释。

② 刘春燕：《出口840万双鞋才换一架飞机》，新浪网，2005年3月27日，http://news.sina.com.cn/c/2005-03-27/12255476802s.shtml。

一个奋发向上、不断开拓的创新型生产制造国家，变为一个唯利是图的食利国度，人人都指望不费力气就可以发家致富，美国也开始靠剪"外国羊毛"——剥削别国为生。一个众所周知的数据是，一部在我国组装完成的苹果 iphone 手机，美国苹果公司拿走了 58% 的利润，中国工厂只得到不足 2% 的组装费用。

  联合国开发计划署发布的《人类发展报告》也曾经指出：全球化使富人更富，穷人更穷，加剧了不平等。如果暂且抛开教育、性别、健康等方面的不平等不论，仅仅从收入角度来说，实际上，自第一次工业革命以来，300 多年间只有 60 多个国家跨过所谓的"中等收入陷阱"，进入富裕国家俱乐部。按照世界银行公布的跨入高收入国家标准，这些国家的总人口只有大约 13 亿，仅占世界人口的 1/6 强。"如果从全球的视角来看（把全球作为一个整体来看待每个人的状况），那么不平等将主要不是取决于每一个个体在本国内部的收入等级，而是更多地取决于他所出生的地方或者说他最终选择生活的地方。"[①] 虽然美国在批评中国的大规模贸易逆差，但恰恰是中国的低工资甚至低环境价格优势，有效地压低了全球普通消费品（比如鞋子、服装、家具、玩具、文具等日常用品）的价格，让包括美国人在内的全球中产阶级及

---

① Milanovic, The Haves and the Have-Nots: A Brief and Idiosyncratic of Global Inequality, New York, Basic Books, 2011.

富人阶层得以享受到优质的生活。

根据联合国的数据,"从全球看,自2004年以来,国民收入中劳动力的份额呈下降趋势。这意味着用于为工人提供报酬的国民产出份额已经下降。2008~2009年全球金融危机期间,由于GDP突然收缩,这一下降趋势暂时逆转"。[①] 从这个角度讲,中国人在做蛋糕的过程中,是付出比较多的人。但在蛋糕的具体分配上,美欧等发达国家国民却是得到比较多的一方。这是一个不合理的全球金字塔形社会结构。而这种结构,是以中国人作为金字塔的底座,靠非常艰辛的劳作、非常低廉的工资、非常低价的资源和高昂的生态成本来支撑的。

其二,国家间的经济不平等为中国人的社会流动提供了可能,孕育了中国的中产阶层。

根据联合国经济和社会事务部发布的《2020年世界社会报告:剧变世界中的不平等》,自1990年以来,不平等程度在发展中国家和发达国家均有增长,全球70%的人生活在1990年以来收入不平等加剧的国家。无论发展中国家还是发达国家,不平等水平都处于历史性高位,这一严重的不平等将有可能加剧分歧,减缓社会经济发展步伐,影响2030年可持续发展目标的实现。而我国在2008年基尼系数超过0.4的

---

① 联合国:《目标10. 减少国家内部和各国之间的不平等》,联合国网,https://unstats.un.org/sdgs/report/2019/goal-10/,最后检索时间:2019年12月12日。

警戒线之后，长期在高位徘徊，是公认的收入分配差距较大的国家之一。

中国凭什么在与发达国家、国际资本经贸关系中处于劣势地位，又同时在国内收入差距持续拉大的双重重轭下保持了经济增长、社会稳定？一方面，不平等的国际经贸关系保证了中国经济有效楔入国际经济大循环。改革开放初期，我国资本、技术稀缺，但劳动力供给过剩，同时国内消费市场非常有限。充分利用我国人力资源丰富的优势，积极引进外资，在沿海地区大力发展劳动密集型产业，带动中国经济起飞，是非常高明且现实的一招。我国借由此路径深度参与到国际经济分工中，逐步形成了资源在外、市场在外的外向型经济格局。这是由我国经济社会发展条件和资源禀赋决定的。另一方面，市场化取向和外向型经济为相当多的社会成员提供了向上的社会流动机会。外向型经济多数有着巨大的社会用工需求，[1] 其用工和薪酬福利导向克服了原来全社会"平均主义""吃大锅饭"的弊病，

---

[1] 以著名的富士康为例，富士康科技集团是中国台湾鸿海精密集团的高新科技企业，以代工iPhone手机、计算机、消费性电子产品等3C产品闻名于世。1974年成立于中国台湾，1988年在深圳投资建厂。现已经在中国大陆建立了30多个科技工业园区，在亚洲、美洲、欧洲等地拥有200余家子公司和派驻机构。最多时拥有120多万名员工，其中多数是从事精密件组装、测试、机台操作、维修、车工、钳工、铣工、焊工、机电、磨床、冲压、成型、电镀、烤漆等重复性简单劳动的流水作业线普工。全国各地为了将富士康招商到当地，除了土地、税费等方面的政策优惠外，多数还通过政府力量来帮助其招聘到相当数量的员工。

以贫富分化的方式调动了全社会的积极性，激发了全社会辛勤劳动和创新创造的活力。农民先是进入当地的乡镇企业，后来开始进入城市的生产"流水线"，虽然有着背井离乡的痛苦和种种对工厂劳动的不适，但他们的劳动收入与其在农村"面朝黄土背朝天"的微薄收益相比，是一个巨大的飞跃。① 数以亿计的农民工依靠这一途径改变了命运，实现了个人和家庭生活状况的改变。与此同时，一大批民营企业家和个体工商户借助这个趋势发育成长。拥有4000亿市值的立讯精密公司，其创始人王来春最初不过是富士康公司的一名普通打工妹。勤奋工作和不断学习十年后，她创办了自己的公司，先是从事富士康的配套业务，后来开始直接与富士康争抢生意。中国类似这样的故事还有很多。而一大批关联性的白领岗位出现，特别是管理、技术、营销、广告、法务、会计等相关专业服务的需求上升，又直接推动产生了一大批中等收入者。所以，如果抛开国家之间的财富分配效应，仅仅从国内看，外向型经济和国际经贸往来帮助了许多中国人实现了财富增加和经济社会地位提升。这样一个改变改革开放之初我国"金字塔"形（也有学者称之为更不合理的"倒丁字"形）社会结构的机制，促

---

① 当然这也蕴藏着极大的社会矛盾和冲突。比如，从2010年起，富士康公司曾经发生十几起跳楼事件。虽然其具体原因各异，但敲响了现代超级工厂劳动管理制度、劳劳与劳资矛盾的警钟。表明现代工厂隐藏着比约一个世纪前卓别林主演的电影《摩登时代》更可怕的对人异化的力量。

进我们朝着"橄榄"形的中等收入群体占多数的社会结构迈进,从而极大地保证了社会稳定,为经济发展提供了社会基石。

其三,国家间的经济长期不平等导致的产业和就业结构变化,让以美国为代表的发达国家中产阶层陷入困顿状态。

中国成为世界工厂的同时,以美国为代表的西方发达国家普遍出现了制造业空心化、边缘化现象。1980年,金融、房地产与专业服务增加值占美国GDP比重首次超过制造业。1998年美国制造业占工业增加值比重为85.4%,2018年美国制造业占工业增加值比重下降到61.1%。跨国公司谋求更低的成本和更大的利润,大量的中低端制造业转移到了"亚洲四小龙"、日本、中国大陆等地。底特律、匹兹堡等传统制造业中心日渐衰落,昔日的制造业象征——底特律沦为空城,最后不得不破产。美国东北部——五大湖附近和中西部等传统工业地区衰退,成为所谓的"铁锈地带"。进入21世纪后,金融和高科技行业成为美国经济代名词,年轻一代、聪明人、学业优异者都转身投奔华尔街和硅谷。并非每个人、每个家庭都能实现这一转变,那些老工人、低学历者、外来移民以及其他初级体力劳动者不得不面临收入下降、生活开始困难的窘境。由俭入奢易,由奢入俭难。但是"美国梦"代表的中产阶级生活方式却以消费刚性横亘在中产阶级面前。众所周知,20世纪美国人教会了世界如何消费。为了拥有自己的住房和汽车，为了家庭定期外出度假，为了健身和让自己的孩子上大学……就用明天的钱来保证今天的生活，借贷成为美国中产家庭的重要特征。如果届时不能还清贷款，申请破产是唯一选择。美国家庭负债达到创纪录的16万亿美元以上。① 进入21世纪后，在货币宽松的大背景下，美国利率水平较低，住房市场持续繁荣，房价上涨很快。在全社会对住房市场过度乐观的情况下，一些并不具有购房实力的美国人也借贷买房。金融市场的"聪明人"们为了击鼓传花，创设了次级抵押贷款，并推动了次贷市场迅速火爆起来。片面借助杠杆的金融泡沫迟早会破灭，2008年金融危机在美国率先爆发，随后席卷全球，美国人"暴饮暴食"生的病最终让全球埋单。奥巴马于2009年11月提出美国再工业化，特朗普担任美国总统后提出制造业回归，拜登上台后继续推进这一进程，但效果并不明显。制造业带来的就业，在美国总就业中的比重增加很小，传统的制造业工厂维持生存仍然困难。

在残酷的现实面前，美国还叠加了另一层铁幕。这一点在美国著名社会学家帕特南《我们的孩子》一书有生动的反映。② 他通过组织研究团队，连续数十年追踪调查了生活在

---

① 《受美国通胀飙升影响，美家庭负债首次超过16万亿美元》，光明网，2020年8月3日，https://m.gmw.cn/baijia/2002-08/03/1303073115.html。
② 〔美〕罗伯特·帕特南：《我们的孩子》，田雷、宋昕译，中国政法大学出版社，2017。

美国各地的 107 位年轻人，最后提出美国的孩子生而不平等、长而不平等，所谓的美国梦已经衰落。他的主要立论是，在长期的阶级固化下，贫富阶级之间形成了多元"剪刀差"。由于每个孩子的家庭结构、父母教育方式、学校教育、邻里社区存在着巨大的差别（而这多数是以收入和财富为基础的。比如，中上阶层家庭的父母有更多时间陪伴孩子、给予正确的引导、提供发展资源，而寒门子弟既面临经济上的穷困，更有可能成长在破碎家庭，无法得到父母双全的关爱，甚至只能在隔代教养的环境中长大），美国社会的贫富分化直接影响到下一代人的生活际遇和人生道路，种下了社会不平等的根苗。

在美国中产阶层困顿、社会向上流动困难的现实下，一些并不科学理智的看法甚嚣尘上，影响了美国政局和美国与世界（特别是与中国）的关系。"特朗普成为中产阶层美国激进分子的发声器，成为那些自以为被全球化和后工业社会转型抛弃的美国白人群体的代言人"，[①] 这样的"人设"和政治定位，帮助特朗普赢得了 2016 年美国总统大选。当时，曾经有不少人一厢情愿地认为，特朗普当上总统后，仍然得遵行国际经贸基本规则，服从于已经定型的美国利益分化。但事与愿违，"一些经济学家提出了争议性的理论：全球化

---

① 〔美〕约翰·朱迪斯：《民粹主义大爆炸：经济大衰退如何改变美国和欧洲政治》，马霖译，中信出版集团，2018，第 82 页。

和自由贸易使中国夺走了美国近240万个工作岗位,同时美国的中等收入群体近20年并没有增加,与20世纪70年代的美国相似,中等收入群体的这种变化使美国民众不满……特朗普当选了美国总统,认为国际贸易是零和游戏,即使国际贸易对各方有利,但是他依然认为是中国人抢了美国人的工作,认为中国的贸易顺差对于美国来说是不利的"。① 特朗普及其继任者拜登虽然政见不合,但都将中美贸易严重失衡不合理归结为我国的制度原因,把中国定位为主要的战略竞争对手,并咄咄逼人地把这种"冷战"对抗思维推广到对中国的全面打压。根据发展阶段、环境、条件变化,我国提出要加快形成以国内大循环为主体、国内国际双循环相互促进的新发展格局。毫无疑问,这些情况肯定会对中国经济的增速、质量、结构、动能等产生长远影响,也会再次塑造国内、国际的社会结构。

五 科技进步与信息化:结构变迁新动力

在科技专家眼中,科技是推动人类社会进步最重要的动力,虽然我们并不一定完全同意这个判断。但谁也不能否认,科技进步是社会变革的重要推手之一。特别是第一次工

---

① 〔挪威〕伊萨克森:《全球经济变革下扩大中等收入群体面临的挑战》,载迟福林主编《经济全球化变局:扩大中等收入群体大战略》,中国工人出版社,2018。

业革命以来的人类社会，科技先在军事继之在日常生活中的广泛运用，大大改变了我们的生产生活形态，直接影响到了社会结构的变迁。"如果没有工业革命，不管在哪一种文明中，不管采用哪一种政治制度，不管信仰什么样的宗教，不管你吃什么，你是吃的蔬菜，还是吃的肉……没有工业革命，2000年人类的生活是没有什么进步的。工业革命出现以后，我们得到了可叠加式进步。""工业革命堪称人类历史上最伟大的事件。在工业革命之前，无论是东方还是西方，人均GDP都没有本质的变化。但工业革命发生后，人均GDP就突飞猛进，在欧洲，200年的时间增加了50倍；而在中国，短短40年就增加了10多倍。"[1]

迄今为止，人类社会共经历了四次工业革命，其主要线索是科技推动的能量生产与信息传播方式的变化（见表3-6）。新中国成立后，中国取得了科技领域的长足进步，各类科技成果也在部分行业和产业得到应用，但由于种种原因，中国走上科技引领经济发展和社会进步却主要是改革开放之后的事。这40来年，中国压缩性地将四次工业革命以来所有的科技创新"来者不拒"地运用到生产生活中，先是以"后发优势"借鉴吸纳一切促进生产力发展的科技成果，后来又从制度突破、人才培养、促进成果转化等多领域促进科技进步，在许多领域实现"跟跑"、"并跑"甚至"领跑"的转

---

[1] 〔美〕吴军：《全球科技通史》，中信出版社，2019，前言。

换。由于这是一个非常复杂的多元交互影响过程，我们仅以三个形象化的场景来说明现代科技对于中国社会的改造以及对社会结构变迁的推动。

表 3-6 四次工业革命

指标	第一次工业革命（18世纪中叶至1870年）	第二次工业革命（1870~1930年）	第三次工业革命（1950年至21世纪初）	第四次工业革命（21世纪初~）
标志	瓦特改进蒸汽机，使其得到广泛应用	收音机、电话、电视、电灯和其他家用电器的大量发明	信息存储、处理和传输数字化	拓展数字技术、改革物理世界（先进材料、机器人等）、改变人类自身（生物技术、虚拟与增强现实等）、整合环境（地球工程、空间技术等）
科技突破	机械动力、活字印刷术	电力、远距离信息传输、化工基础上的新材料（塑料等）、新工艺（合成化肥等）	信息论和计算技术，电话、电台和电视的广泛应用	互联网、先进材料、基因技术、航天探海入地技术等
产业促进	由纺织业和编织工艺机械化开始，改变农业、制造业、通信和交通等行业，催生机床、炼钢、铁路技术	电力开始用于工业生产，在内燃机基础上产生汽车、飞机及其生态系统	用信息化来"格式化"所有行业	工业4.0

续表

指标	第一次工业革命（18世纪中叶至1870年）	第二次工业革命（1870~1930年）	第三次工业革命（1950年至21世纪初）	第四次工业革命（21世纪初~）
社会影响	大大增加了全世界财富，但加剧了环境恶化，助长了殖民主义	发达国家国民生活方式改变，人类财富增长，预期寿命延长	改变了数十亿人的工作和生活方式，发达经济体财富和机会惊人增长	仍在进程中。但对人类社会正反两方面的影响都开始出现

资料来源：作者根据《第四次工业革命》①和《百年大变局：世界与中国》②两书相关内容整理。

其一，从"机器排挤农民"到"机器排挤工人"。如同许多产业一样，改革开放之初的农业技术非常低。当时绝大多数农业耕作依靠的是人力和畜力，"面朝黄土背朝天"、肩扛手提、牛拉人种是基本的生产方式，农业机械化程度很低，种子、化肥、薄膜、农药等农业增产辅助技术的采用率也很低。联产承包责任制的制度突破，通过提高单个劳动生产率的方式，将部分农村富余劳动力"逼"出了农业、农村。为进一步提高生产效益，农业机械化、电气化、水利化、信息化、产业化、科学化都静悄悄地发生了，大量的农机、育种、生物肥、设施化生产、间作间种、立体种养等农

---

① 〔德〕克劳斯·施瓦布：《第四次工业革命》，世界经济论坛北京代表处、李菁译，中信出版集团，2016。
② 朱锋、周嘉希：《历史上的"百年大变局"及演变动力》，载张蕴岭主编《百年大变局：世界与中国》，中共中央党校出版社，2019。

业科技大量采用。平均每户几亩地的"小农经济"经营模式逐步被规模化、现代化种养所替代。1978~2021年，我国农作物总播种面积变化不大，但农业机械总动力由11749.90万千瓦持续增长到107768.02万千瓦，而与此同时，不光直接从事农作物种植的人员，包括农林牧渔业的从业人员都呈现数千万级人数的减少（见表3-7）。显而易见，农业生产效率的提升，进一步将部分农民排挤出农业，他们或者进入城市打工经商，或者沦为季节性的"农业工人"。

表3-7 我国农业科技进步与农业从业人员变化

年份	农作物总播种面积（千公顷）	农业机械总动力（万千瓦）	农用化肥施用量（万吨）	农林牧渔业从业人员（万人）
1978	150104.07	11749.90	884.00	28455.60
1990	148362.27	28707.70	2590.30	33336.40
2000	156299.85	52573.61	4146.41	32797.50
2010	158579.48	92780.48	5561.68	27694.77
2021	168695.13	107768.02	5191.26	17072.00

资料来源：国家统计局国家数据网。

注：农林牧渔业从业人员2012年后不再统计，2021年为第一产业从业人员数。

中国改革开放特别是城镇化、工业化一个重要的伴生现象，就是数以亿计的农民进入城市、进入工厂和建筑工地等，农民工逐渐成为我国产业工人和服务业工人的主体。但随着工业化的进程，工人群体面对新的时代特点，那就是与机器的竞争。马克思在《资本论》中有"机器排挤工人"的著名论断，被用来批评资本谋利的残酷性。马克思在论述社会化大生产时说，机器夺走了工人的饭碗；机器化大生产创造的大批失业者，又为资本主义的生产提供了产业后备军。现实生活中，在我国以重复劳动为主要特征的制造业，甚至一部分高新技术企业，为了提高生产效率、保证产品品质稳定、应对人工成本上涨、防范安全事故，也出现了用自动化技术、机器人、全装配流水线、智能制造来替代工人的现象。从2012年起，浙江、江苏、山东的传统制造企业中逐渐兴起了"机器换人"，众多企业引进现代化、自动化装备进行技术改造，推动传统制造业实现产业转型升级。我国科技部2012年出台《智能制造科技发展"十二五"专项规划》和《服务机器人科技发展"十二五"专项规划》，工业与信息化部于2014年出台《关于推进工业机器人产业发展的指导意见》，浙江、广东等工业大省也纷纷出台相关政策，推进以现代化、自动化装备提升传统产业进程。此后，机器人产业得到快速发展，传统产业以数量密集工人为特点的情况，开始变成无人工厂、无人码头、无人餐厅等。恰如马克思在《资本论》中所说，技术进步在推动生产力发展的同时，也会对旧的劳动关系进行解构和重构。"机器换人"在把工人从繁重、重复、危险的体力劳动中解放出来的同时，许多就业岗位甚至职业也随风而逝了。科技成熟后进行行业应用是非常容易的事情，但劳动者的素质提高和失业后再就业却是一个缓慢而又艰难的过程，失业正成为技术进步天然且必然的副产品。技术进步对行业、产业甚至经济增长都具有正向价值，但其带动的负面效应是让普通劳动者特别是中低端劳动者承担失业的代价。

其二，从绿皮火车到高铁。作为一个超大地域、地形复杂的国家，交通问题事关人员流动、区域经济布局、城乡关系乃至国防军事等重大事务。美国是世界上人均拥有汽车数量最多的国家，号称"汽车轮子上的国家"。可以说，汽车的普及不仅促进了美国国民生活的便利性，对于整个国家的经济社会发展都具有一定影响。我国在改革开放过程中，结合基建投资的国情，大胆采用现代交通科学技术，大量的高速公路、高速铁路、特大桥梁、特长隧道建成联网，一大批自主研发、自主知识产权的特殊环境施工、车辆生产运维、环境综合监测、建筑材料、工程机械等投入运用。其中，高速铁路是最具有代表性的交通科技应用。

20世纪80年代，我国铁路运输能力不足，列车行驶速度低，客货混跑矛盾突出。低于120千米/小时、舒适度差、拥挤不堪的绿皮火车是我国铁路的重要标志。经历艰难的自我探索与技术积累、国外技术引进和消化吸收、自主创新、发展低谷、新一代技术研发与"走出去"、高铁发展迈入新征途（2015年以后）六个阶段，[1] 我国铁路面貌大为改观。

---

[1] 《中国高铁崛起的发展历程》，中华铁道网，https：//www.chnrailway.com/html/20180521/1832367.shtml。

2008年8月1日,我国第一条设计时速350公里的高速铁路京津城际铁路开通运营。2021年底我国高铁总里程突破4.1万公里,总里程全球占比超过2/3,中国是世界上高铁里程最长、运输密度最高、成网运营场景最复杂的国家。而且,我们从最初的引进技术、模仿再到自主创新,实现了从桥梁、隧道、无砟轨道等线路工程,再到牵引供电和列车运行控制系统,以及高速列车的研制,走出了一条独具特色的创新之路,从而占据世界领先地位。高铁开始实现技术和工程输出,中国在短短30年时间迈入高铁时代。与此同时,我国公路、航空、航运事业都经历了高速发展期,私人汽车拥有量大为增加,交通科技广泛运用到人们的日常生活,高速铁路提高了交通运输的便捷、舒适程度,帮助人们构筑起生活新时空、生产资料流通新格局,极大促进了人员流动、区域交换,并成为经济社会发展的强大推动力。

其三,互联网改变中国。1994年我国才接入国际互联网。与这一时期的计算机、信息技术发展同步,我国互联网产业也经历了高歌猛进的历程,不到30年的时间,我国实现了以互联网为代表的信息产业的全面并跑甚至领跑。1997~2000年,我国互联网行业最早的几家公司搜狐、网易、腾讯、新浪诞生,通过风险投资、境外IPO等全新方式形成与金融业的互相促进成长机制。21世纪初,在消化互联网泡沫后,2001年百度搜索兴起。2002年博客网成立,个人门户兴起，互联网门户进入了 2.0 时代，开启第二次互联网大浪潮。2003 年互联网寒冬逐渐过去，网易、搜狐、新浪陆续实现全年盈利。阿里巴巴推出淘宝网，开启了全新的电商模式，支付宝的出现逐步改变传统支付模式，全民网购时代开启。2004 年前后，网络游戏市场风起云涌，互联网企业纷纷进入游戏市场和电信增值业务。2007 年，电商服务业被确定为国家重要新兴产业。2008 年，中国网民首次超过了美国。2009 年起，由 SNS 社交网站带头的互联网社交开始活跃，开启我国互联网第三次大浪潮。2010 年团购模式兴起，团购一度成为城市最新潮的消费和生活方式。2011 年，微博迅猛发展，对社会生活的渗透日益深入，政务微博、企业微博等出现井喷式发展。随着互联网信息技术（3G/4G）发展以及移动终端的几何级增长，我国进入移动互联网时代。2015 年，"互联网+"成为热点。2016 年，知识付费兴起，互联网直播风靡一时，带出了一批短视频、网红、流量等热词。2017 年起，互联网渗透到各行各业，互联网相关创业热潮涌动，出现了区块链、人工智能、新零售等概念，共享经济大火，自媒体大热，知识付费崛起。2018 年起，云计算、大数据、互联网人工智能、区块链、无人驾驶等新应用不断出现，直播带货开始流行。2020 年，5G 投入应用，北斗系统开始提供全面服务。在新冠肺炎疫情影响下，远程办公、远程教育、远程医疗、网上会议等应用快速普及。

20多年的时间，人们对于互联网从陌生到熟悉、从尝试到离不开，互联网已经深度嵌入我们的日常生活。从财富的创造效应看，信息技术不仅直接通过硬件、软件生产销售的方式促进了财富增长，而且通过与制造业、服务业等相互结合的方式，促进了生产效率和生活品质的极大提高。这一时期直接参与到这一领域、在IT产业就业的社会成员，也是收入最高的人群之一。从网易、搜狐、新浪，到百度、阿里巴巴、腾讯，再到字节跳动、美团、滴滴、拼多多，还有华为、小米、360等一大批互联网民营企业崛起，极大改变了我国的产业格局和科技进程。互联网还在促进人们便利生活的同时，让社会成员获得了空前的选择自由和欲望满足。建筑"单元房"的出现，让人们不出家庭即可实现全部生活需求，从而助长了个人和家庭"原子化"倾向。而移动终端的普及化，让家庭内部成员的交流也开始减少，出现了夫妻"同床睡觉、各自修行""同桌吃饭、各看各机"（各看各的手机）现象，而网上购物、外卖的大量出现也让家庭的功能出现变化，每个人的"原子化"趋势更加强化，不少人沉迷于互联网。

其四，新一代知识英雄的群体性崛起。[①] 科技促进生产力，主要是通过知识型劳动者来实现的。从1988年邓小平同

---

① "知识英雄"一词的出现，与原《计算机世界》记者刘韧出版的《知识英雄：影响中关村的50个人》分不开，这本书被称为第一部全景式记录中国IT行业兴衰成败的书籍。刘韧、张永捷：《知识英雄：影响中关村的50个人》，中国社会科学出版社，1998。

志提出"科学技术是第一生产力"的重要论断，我国科技发展不断加速，科技发展进入快车道。国家对科技的重视，尤其是市场经济与科技的结合，极大焕发了科技人员的创造性、积极性。中国已成为具有重要国际影响力的科技创新大国，正向着世界科技强国的宏伟目标阔步前进。中国自2013年起成为世界第二大研发经费投入国，研发人员总量、发明专利申请量分别连续7年和9年居世界首位。根据国家统计局数据，2000年我国研发人员全时当量只有92.2万人年，2010年达到255.4万人年，2021年增长到562.0万人年，20年的时间翻了两番多。在载人航天、探月工程、量子科学、深海探测、超级计算、卫星导航等诸多领域取得重大成果的同时，科研人员投身经济建设主战场，成为信息、生物工程、航空航天、先进制造、海洋、新医药、新材料、新能源、金融、房地产、汽车、法律、会计、传媒、国际贸易等众多行业的专业技术领军人物和管理英才。

"随着人数规模持续稳定扩大，布局结构也发生了重要变化。体制内的专业技术人员，仍主要从业于公立的学校、医院、科研机构等单位，大约有3000万人。但在体制外，随着企业竞争的加剧，各领域对技术的要求不断提高，私营企业成为专业技术人员的孵化器。仅以信息产业为例，就出现了大量服务于私营企业的工程师。大家熟悉的百度、腾讯、新浪、搜狐等公司，每个公司的专业技术人员动辄数千人甚至上万人。这些服务于私营企业的体制外专业技术人员，目前估算超过 4000 万人。"① 根据华为公司公布的材料，华为全球员工总数为 19.5 万人，其中研发员工约为 9.6 万人，占员工总数的近 1/2。华为的员工来自全球 157 个国家和地区，仅在中国就有来自 43 个民族的员工。②

党的十八大做出了实施创新驱动发展战略的重大部署，强调科技创新是提高社会生产力和综合国力的战略支撑。习近平总书记多次出席全国科技创新大会和中国科学院、中国工程院院士大会，中国科协全国代表大会，科学家座谈会并发表重要讲话。党的十九届四中全会《决定》突出强调了加快建设创新型国家四个方面的重大制度支撑。2015 年，我国颁布《促进科技成果转化法》。中央和各地近年出台大量促进科技创新的政策和制度，2019 年教育部等六部门印发《国家产教融合建设试点实施方案》。我国科研体制机制改革不断深入，科研人员激励机制进一步完善，科研经费使用和管理更加科学，这些都极大激发了广大科研人员的积极性和创造性。在市场和政府的双轨推动下，我国科技和专业技术人员正迎来最能发挥热量的时机。专业技术人员阶层在社会等级结构中属于俗称的"白领"，是中产阶层的重要来源，他们的收入水平处于中等偏上甚至高收入水平。随着他们在政治舞台、舆论场、公益慈善、

---

① 张林江：《当前社会的十大阶层与其政策调适（5）：因时因势加强对社会阶层的政策调适》，《中国党政干部论坛》2015 年第 4 期。

② 华为公司官网，https://www.huawei.com/cn/sustainability/sustainability-report/。

消费方式引领等社会各层面的活跃，他们的社会地位也越来越被社会认可。

六　制度与政策：中国社会结构变迁最大的"有形动力"

如果说工业化、市场化、城市化、经济全球化、科技进步和信息化是一种潜在的社会结构变动推进力量的话，那么制度与政策则以一种愈加显性、更为直接的方式，作用于社会结构变迁。自从亚当·斯密提出"无形的手"这一市场理论后，"有形的手"就被用来形容政府对经济社会进展的干预与调节。经济学的制度流派将制度作为内生变量运用到经济增长的相关研究中去，一度成为经济学中的显学。其中，他们强调国家、产权、社会交易成本、意识形态、伦理道德等作为经济发展的变量对于经济生活和财富增加的影响。

"忽略政治或者经济两者中的任何一个去理解人类历史都是片面的，单方面的经济学或政治学很难解释现代社会发展的历史进程。一个用于解释人类社会变迁的理论必须包含政治、经济、信念、制度及组织等要素。"[①] 在人类现

---

① 〔美〕道格拉斯·诺斯：《制度变迁、经济增长与理解人类历史的分析框架》，爱思想网，2020年3月9日，http://www.aisixiang.com/data/120356-3.html。

代经济史上，如何处理政府与市场关系，一直众说纷纭、各执一词。而在人类现代社会史上，如何处理政府与社会的关系，也是讨论频仍、争议不断。作为一个后发国家，作为一个人类史上缺乏现成制度模型可用的国家，中国人在处理政府与市场关系、政府与社会关系方面，没有照抄照搬西方道路，采用西方国家所谓的"自由市场"+政府"守夜人"+"市民社会"制度，也没有徘徊于封闭僵化的"老路"，被旧的思想意识和利益固化所束缚，而是把完善和发展中国特色社会主义制度、推进国家治理体系和治理能力现代化作为全面深化改革的总目标，通过党的自我革新以及不断的理论创新、实践创新、制度创新及其他各方面创新，持续深化经济体制、政治体制、文化体制、社会体制、生态文明体制和党的建设制度改革，走出了一条"有效的市场"+"有为的政府"[1]+"既充满活力又拥有

---

[1] 习近平总书记 2015 年 11 月 23 日在十八届中央政治局第二十八次集体学习时的讲话中指出："在社会主义条件下发展市场经济，是我们党的一个伟大创举。我国经济发展获得巨大成功的一个关键因素，就是我们既发挥了市场经济的长处，又发挥了社会主义制度的优越性。我们是在中国共产党领导和社会主义制度的大前提下发展市场经济，什么时候都不能忘了'社会主义'这个定语。之所以说是社会主义市场经济，就是要坚持我们的制度优越性，有效防范资本主义市场经济的弊端。我们要坚持辩证法、两点论，继续在社会主义基本制度与市场经济的结合上下功夫，把两方面优势都发挥好，既要"有效的市场"，也要'有为的政府'，努力在实践中破解这道经济学上的世界性难题。"引自中国共产党新闻网，http://cpc.people.com.cn/xuexi/n1/2017/0619/c385474-29347581.html。

良好秩序的现代化的社会"①的中国特色社会主义之路。而其中的核心要义是，根据发展阶段、环境、条件和情势的变化，及时推进制度变革和公共政策演进。在改进完善制度的同时，党的坚强领导、各级政府坚决的执行力、单一制的国家结构、全社会的整合与空前团结等要素，帮助我国成为制度执行和公共治理绩效全球最高的国家。

20世纪70年代起，启动改革开放进程、锚定社会主义市场经济的发展方向，可以说极大地改变了中国面貌。进入21世纪后，加入世界贸易组织，对我国经济社会发展影响至深。最近十多年，有三次（项）比较大的制度变革和公共政策演进，对我国经济社会发展产生极大影响。

其一是为对冲2008年的全球金融危机推出的大规模财政刺激计划。2008年，受美国次贷危机引发的全球金融危机影响，我国工业增加值急剧下滑，部分出口型企业停产、关门、倒闭，工人下岗失业，国内消费不振，金融市场剧烈震荡。面对国际经济形势复杂多变、持续低迷的严峻挑战，经过中央充分调研、科学判断，在2008年底出台投资拉动政策，后来扩展到共计4万亿投入。全社会固定资产投资由2007年的137324亿元增加到2008年的172828亿元，同比增

---

① 习近平总书记2020年8月24日在经济社会领域专家座谈会上的讲话中指出："一个现代化的社会，应该既充满活力又拥有良好秩序，呈现出活力和秩序有机统一。"引自中国政府网，http：//www.gov.cn/xinwen/2020-08/25/content_5537101.htm。

幅达到 25.8%；2009 年增加到 224599 亿元，同比增幅接近 30%。具体投入如下四个方面。一是投资拉动。主要是一批民生工程、公益性工程、农田水利工程，再加上基础设施，高速铁路、高速公路、飞机场等。二是出台十大产业振兴规划。主要帮助九个工业行业加上以流通业为主的实体产业走出困境实现发展。三是出台 16 项科技重大专项。四是健全社保。解除老百姓后顾之忧，促进消费。另外，还推出了加强出口退税、3G 牌照提前发放、1.6 升汽车排量以下购置税减半等公共政策。① 事实证明，"4 万亿刺激计划" 以及宽松的货币信贷政策，稳定了经济增长，极大拓宽了我国的经济资源渠道，有效避免了我国因巨大的外部冲击而出现大的经济波折，我国也成为率先走出经济低谷的国家。这种高歌猛进式的增长方式，带来了我国财税收入的极大增长（见表 3-8），为我国社会建设提供了资金供应，避免了经济问题传导到社会领域产生大规模失业、治安混乱等问题，并通过多元化方式促进了全体民众福利增加。由于政府投资有撬动社会资本的作用，加之资金的倍数效应，"2008 年到 2010 年我们（政府实际）投资了 30 万亿，怎么政府讲的是 4 万亿？实际投资的是 30 万亿"。② 虽然这个说

---

① 康耕甫：《4 万亿决策内幕首曝光 李毅中：当时部署完全正确》，中国新闻网，2013 年 3 月 7 日，http://www.chinanews.com/cj/2013/03-07/4623012.shtml。
② 《林毅夫：当年 4 万亿说法错误 实际投资乃 30 万亿》，网易网，2015 年 3 月 27 日，http://money.163.com/15/0327/22/ALOG7HUC002555CK.html。

法存在争议，但巨额的财政刺激计划和超大规模基建，对我国的经济社会发展也带来了负面效应。

表 3–8　2000~2021 年我国经济社会主要情况及固定资产投资

单位：亿元

年份	国民总收入	国内生产总值	全社会固定资产投资	财政收入	财政支出
2000	99066.1	100280.1	32918.0	13395.2	15886.5
2001	109276.2	110863.1	37214.0	16386.0	18902.6
2002	120480.4	121717.4	43500.0	18903.6	22053.2
2003	136576.3	137422.0	53841.0	21715.3	24650.0
2004	161415.4	161840.2	66235.0	26396.5	28486.9
2005	185998.9	187318.9	80994.0	31649.3	33930.3
2006	219028.5	219438.5	97583.0	38760.2	40422.7
2007	270704.0	270092.3	118323.0	51321.8	49781.4
2008	321229.5	319244.6	144587.0	61330.4	62592.7
2009	347934.9	348517.7	181760.0	68518.3	76299.9
2010	410354.1	412119.3	218834.0	83101.5	89874.2
2011	483392.8	487940.2	238782.0	103874.4	109247.8
2012	537329.0	538580.0	281684.0	117253.5	125953.0
2013	588141.2	592963.2	329318.0	129209.6	140212.1
2014	644380.2	643563.1	373637.0	140370.0	151785.6
2015	685571.2	688858.2	405928.0	152269.2	175877.8
2016	742694.1	746395.1	434364.0	159605.0	187755.0
2017	830945.7	832035.9	461284.0	172592.8	203085.5
2018	915243.5	919281.1	488499.0	183359.8	220904.1
2019	983751.2	986515.2	513608.0	190390.1	238858.4
2020	1005451.3	1013567.0	527270.0	182913.9	245679.0
2021	1133239.8	1143669.7	552884.2	202538.9	246322.0

资料来源：国家统计局国家数据网。

首先，在较短时间内扭曲了市场信号，打乱了社会运行正常节奏，使得政府—市场关系、政府—社会关系调整更加困难。我国经历了数十年的计划经济时期，如何构建与国情相适应的社会主义市场经济，一直是个艰难的课题。政府大规模的经济刺激，极大地替代了市场主体的作用，而且让市场主体盲目扩张，给就业、土地等资源供应、环境带来新的压力。其次，较快提升了政府、企业和居民三大部门的负债水平，社会融资规模迅速扩张，提前透支了经济发展动力，进一步抑制了消费水平并导致消费结构畸形化。根据审计署2013年末发布的《全国政府性债务审计结果》，当年中央政府负有偿还责任债务98129.48亿元，地方政府负有偿还责任债务108859.17亿元，负有担保责任债务26655.77亿元，可能承担一定救助责任的债务43393.72亿元。[1] 从审计公报看，2010年底，全国地方政府性债务余额107174.91亿元（政府负有偿还责任、担保责任和可能承担一定救助责任的债务）。[2] 即，2010~2012年两年间，我国地方政府的债务余额增加了70%。这个阶段大量出现的以城投公司为代表的地方政府融资平台，极大地搅乱了金融市场。而与此同时，企

---

[1] 审计署：《审计署发布第32号公告：全国政府性债务审计结果》，中国政府网，2013年12月30日，http://www.gov.cn/gzdt/2013-12/30/co-ntent_2557187.htm。

[2] 审计署：《中华人民共和国审计署审计结果公告（2011年第35号）：全国地方政府性债务审计结果》，2011年6月27日，中国政府网，http://www.gov.cn/zwgk/2011-06/27/content_1893782.htm。

业普遍进入扩张期，企业部门银行贷款债务水涨船高。而在火爆的房地产市场刺激下，不少居民加入投资性买房行列，以房贷为主的居民负债也持续攀升。再次，部分基建项目把关不严、管理不善，出现了投资与回收极度倒挂、工程项目质量差甚至烂尾现象。又次，由于国企的特殊优势及获得土地、项目、资金支持的便利度，一些本来效率低下、经营困难的部分国企和落后产能不但没有"市场出清"，反而借尸还魂、起死回生，再度亢奋，其中不少偏离主业、盲目投资。这不仅增加了国企改革的难度，而且挤压了民企的市场空间，甚至一度出现了所谓的"国进民退"现象。基建及房地产等项目直接或间接拉动了钢铁、水泥、玻璃、电解铝、煤焦、有色金属、化工、电力、纺织等产业发展，企业家投资景气度持续上升，在影响环境保护进程的同时，成为后来落后产能过剩的导火索。最后，在资金宽松和产业兴旺的背景下，金融领域虚火旺盛。银行、证券、基金、保险、资管、信托等各类金融机构进入快速发展期，各类金融创新层出不穷，民间融资价格畸高且极不规范，金融乱象丛生，出现金融领域资金层层加利、内部空转但实体经济缺资金的"金融热实体冷"现象，为我国经济社会发展埋下巨大的不定时炸弹。另外，丰沛的各类资金以各种方式流入房地产市场，城市房价不断上涨并进一步拉高居民预期。"奋斗 N 年不如无意间买入一间房"的故事，助长了全社会炒房风气，甚至部分企业家也放弃实体经济而进入房市、股市，社会投机情绪盛行。城市房价上涨反过来增加实体经济经营成本，给实体经济发展带来隐忧。此外，一个阶段还出现了夫妻因炒房假离婚增多、大量非法集资和金融诈骗、劳资关系紧张等社会矛盾和问题。2015年开始的"三去一降一补"等经济调整政策，事实上依然是对2008年起"4万亿刺激计划"后遗症的矫治和修复。这个生动的案例提醒我们，制度与公共政策的出台有着多么巨大的社会经济影响，必须慎之又慎，前人"治大国若烹小鲜"的提醒应当时时牢记。

其二是2013年《中共中央关于全面深化改革若干重大问题的决定》（以下简称《深改决定》）和2019年《中共中央关于坚持和完善中国特色社会主义制度推进国家治理体系和治理能力现代化若干重大问题的决定》（以下简称《制度决定》）出台实施。前者对我国各项改革进行了顶层设计和总体谋划，后者全面总结和完善提炼了党的领导和经济、政治、文化、社会、生态文明、军事、外事等各方面制度，推动国家治理体系和治理能力现代化，推进我们更好地将制度优势转化为国家治理效能，两者都具有十分重要的现实意义和深远的历史意义。

党的十八届三中全会和十一届三中全会一样，都是划时代的，开启了全面深化改革、系统整体设计推进改革的新时代，开创了我国改革开放的新局面。其通过的《深改决定》阐述了全面深化改革的重大意义，总结了改革开放35年来的历史性成就和宝贵经验，提出了到2020年全面深化改革的指导思想、总体思路、主要任务、重大举措。《深改决定》开启了我国全面深化改革、系统整体设计推进改革的新时代，开创了我国改革开放的全新局面。《深改决定》紧紧围绕经济、政治、文化、社会、生态文明、党建等六大改革主线，涵盖15个领域，包括60个具体任务、336项重大改革举措，为重要领域和关键环节改革谋篇布局、举旗定向。《深改决定》明确指出，经济体制改革是全面深化改革的重点，核心问题是处理好政府和市场的关系，使市场在资源配置中起决定性作用和更好地发挥政府作用。另外，关于推进社会事业发展、创新社会治理体制等方面的部署，对处理好政府和社会的关系，推动社会结构的优化、社会关系的重构、民生福利的增长、社会活力与秩序共生具有重要指导意义。

党的十九届四中全会是在"两个一百年"奋斗目标历史交汇点上，召开的一次具有开创性、里程碑意义的重要会议。会议通过的《制度决定》明确提出，中国特色社会主义制度和国家治理体系是以马克思主义为指导、植根中国大地、具有深厚中华文化根基、深得人民拥护的制度和治理体系，是具有强大生命力和巨大优越性的制度和治理体系，是能够持续推动拥有14亿人口大国进步和发展、确保拥有5000多年文明史的中华民族实现"两个一百年"奋斗目标进而实现伟大复兴的制度和治理体系。这就回应了国内外对于我国制度的各种猜测、怀疑和过度解读，帮助全社会从制度层面，科学、完整、准确、全面地理解我们的主张、我们的道路。《制度决定》第一次系统总结我国国家制度和国家治理体系十三个方面的显著优势，第一次提出坚持和完善中国特色社会主义制度、推进国家治理体系和治理能力现代化"三步走"发展目标，用"十三个坚持和完善"阐述了坚持和完善支撑中国特色社会主义制度的根本制度、基本制度、重要制度，部署需要深化的重大体制机制改革、需要推进的重点工作任务，为我国的经济发展、政治稳定、文化繁荣、民族团结、人民幸福、社会和谐、国家统一提供了强有力的制度保障。

制度优势是一个国家的最大优势，制度竞争是国家间最根本的竞争。《深改决定》和《制度决定》已经作为中国各项工作的重要指南，已经并将继续对经济社会发展起到决定性的影响作用。下面，我们仅选择党的十八大以来全面推动加强党的领导、深入推进党的建设新的伟大工程对我国社会产生的深层次结构性变化来加以探讨。

党的十八大以来，党的建设全面加强。首先，以习近平同志为核心的党中央总揽全局、协调各方，大大增强了党的凝聚力、战斗力和领导力、号召力。党政军民学，东西南北中，党是领导一切的。党中央制定的理论、路线、方针、政策，成为全党全军全国各族人民统一思想、统一意志、统一行动的依据和基础。其次，基层党建更加扎实有效，党组织成为基层群众的"主心骨"。从脱贫攻坚到乡村振兴，从抗疫医护前沿到社区疫情防控，从国有企事业单位党建到"两新组织"党建，从强化理想信念到发挥先锋模范作用，基层党组织战斗堡垒作用显著增强，为社会安定、国家发展注入了钢支柱和强化剂。再次，坚持党同人民群众的血肉联系，加强和规范党内政治生活，整饬作风激浊扬清。从严治吏，形成良好的用人导向和制度环境。最后，以刀刃向内、自我革命的决心勇气，通过"打虎""拍蝇""猎狐"系列行动惩治腐败，党风廉政建设和反腐败工作成效巨大，使得党风政风焕然一新，党群、干群关系密切程度前所未有，良好的政治生态正在形成。总的来看，党的建设作为我国一项根本的政治制度，在国家治理体系当中具于统摄性地位，从多个维度决定着国家的政治生活、经济生活和社会生活的方方面面，是社会结构调整不能忽视的变量。其重要性绝对不亚于诺斯的制度经济学中产权对于经济发展的重要性。由于种种原因，我国在传统的社会学和相关学科研究中，都把这个变量有意或无意地忽略了，这肯定是非常不利于研究的科学性的。

当然，过去数十年中，我们还出台了大量的公共政策和各类制度性规定，有的还直接进行着社会结构的调整，比如国家新型城镇化战略、精准脱贫、乡村振兴、户籍改革的相关制度和政策就直接作用于城乡和阶层结构调整；近年出台的西部、东北、京津冀、粤港澳大湾区、长江经济带和长三角一体化、海南全面深化改革开放、黄河流域生态保护和高质量发展等区域发展政策则直接作用于区域结构、城市结构的调整；放开二孩三孩政策、科学应对老龄化则着眼于人口结构调整；而税收改革、薪酬制度改革、加快社会事业发展和社会保障等则有利于收入分配结构和阶层结构调整。由于这些政策和制度的指向更加明确具体，此处不再进行讨论。

其三是在单位制走向功能性解体的过程中，基层社会治理日益加强，作为一项基本社会管理制度成为我国社会整合的最重要机制。"基层是一个地域的概念，更是一个国家治理层级的概念。基层社会治理是指在党的领导下，运用包括政府在内的多种力量向基层辖区居民提供民生保障、公共服务、利益协调、矛盾纠纷化解、创造平安和谐舒适生活环境的活动……基层社会治理的特点是直接面对群众，事务琐碎复杂甚至艰巨繁重，是社会治理的基础和重心。基层社会既为人们生产生活提供地域空间，也为社会治理提供基础单元，人们的衣食住行、生老病死、文化娱乐等都发生在这里。随着城镇化和市场化深入推进，城乡人员流动、职住分离、各种利益关联交汇、多种服务需求旺盛，以党政机关和各类企事业单位为基础的社会治理模式很难适应社会发展的要求，城乡基层自然成为人们居家生活、公共服务的最基础平台，成为社会交往、利益关联的最前沿阵地，成为社会问题和社会矛盾预防化解的最源头防线。"[1]

---

[1] 龚维斌：《加强和创新基层社会治理》，《光明日报》2020年9月18日，第15版。

虽然中国没有发展出西方意义上的"治理理论",但在秦朝之后长达 2000 多年的封建王朝朝代更替和兴乱治平过程中,历朝历代关于社会治理的制度设计、权力架构、管理运作的经验,都在不断地丰富和提升,从而形成大量的社会治理经验和优秀文化。[1] 我国传统社会的治理在不同历史时期,有不同的制度和做法。相当长的一个历史时期是"国权不下县,县下唯宗族,宗族皆自治,自治靠伦理,伦理靠乡绅",[2] 也有一段时期实行中央集权控制下的编户齐民制度、乡里制度、保甲制度、连坐制度等。新中国成立后,我国逐步建立起"单位制度",[3] 单位承担着基层公共服务和社会管理的所有职能,形成了自上而下的社会管理格局。改革开放后,"单位制"的功能弱化,市场化就业成为主流,人员流动加快,如何强化对"社会人"的管理和服务,成为突出问题。2011 年中央召开省部级主要领导干部"社会管理及其创新"专题研讨班,基层社会管理被放到突出重要的位置上来。党的十八大以来,习近平总书记多次到农村、社区调研,一大批事关基层治理的政策和制度出台。目前,以基层社区为重点、共建共治共享的社会治理制度已经成为我国社

---

[1] 张林江:《传统中国的社会治理智慧》,《中国党政干部论坛》2014 年第 12 期。
[2] 秦晖:《传统中华帝国的乡村基层控制:汉唐间的乡村组织》,《中国乡村研究》2003 年第 1 期,第 2 页。
[3] 周翼虎、杨晓民:《中国单位制度》,中国经济出版社,2002。

会整合的最重要方式。一是以党建引领基层社会治理。不断提升党组织的整体规划和统筹协调能力，优化基层党组织的组织形式，整治软弱涣散党组织，推进"两新组织"和楼宇党建。二是将社区建设和治理摆到突出位置。完善社区治理的体制机制，深化基层群众自治，充分发挥社区居民、在地企业和社会组织作用，推进网格化服务管理体系建设，创新社区协商形式，健全以村务、居务公开为先导的日常管理。三是推进网格化社会治理。加强部门协调联动，实现社会治理"一张网""五统一"，即网格统一划分、资源统一整合、人员统一配备、信息统一采集、服务统一标准，通过"街乡吹哨部门报到""上访变下访"等多元方式将矛盾解决在基层。四是坚持自治、法治、德治相结合。探索创新基层群众自治实现途径，努力做到民事民议、民事民办、民事民管。制定加强社区治理服务的地方性法规或政府规章，推动法治工作网络、机制和人员向社区延伸，推进执法司法规范化，完善人民调解、行政调解、司法调解联动工作体系，健全立体化、无缝化社会治安防控体系。五是形成多元化治理格局。打造高素质专业化社工队伍，发挥群团组织、社会组织作用，发挥行业协会商会自律功能，实现政府治理和社会调节、居民自治良性互动。

　　在社会流动化加剧、个人自由性空前勃发的"社会解构化"大背景下，基层社会治理制度作为一项非常重要的社会组织、社会整合方式，实现了对全体社会成员的无缝式覆盖。无论是完成国家赋予的公共服务和社会治理职能,还是实现居民自下而上的社会治理民主权利,抑或是推进居民间良性互动和社会融合,都发挥了非常重要的作用。

七 社会行动与个体行为:微观但积极的作用

在社会学历史上,社会结构与社会行动可以说是一对孪生概念。社会结构强调规则、制度、环境的客观性、外在性和强制性,将社会事实解释为外部因素的规定性。"在社会历史领域内进行活动的,全是具有意识的、经过思虑或凭激情行动的、追求某种目的的人;任何事情的发生都不是没有自觉的意图,没有预期的目的。但是,不管这个差别对历史研究,尤其是对个别时代和个别事变的历史研究如何重要,它丝毫不能改变这样一个事实:历史进程是受内在的一般规律支配的。"[1] 比如,在马克思那里,社会财富的不平等是建立在生产资料占有不平等基础上而形成的结构性结果(而这是资本主义的必然规律),在这种结构中个体和群体的行动是没有意义的,除非打破这种结构。社会行动理论则强调个体、群体及其行动的价值与意义。强调行动者的思想理念、个人素质、行为方式、人际交往和主动作为的重要性。对于

---

[1] 〔德〕恩格斯:《路德维希·费尔巴哈和德国古典哲学的终结》,载《马克思恩格斯选集》第 4 卷,人民出版社,2005,第 243 页。

财富、权力、话语权、社会地位等方面的利益争夺，是人们采取社会行动的主要动因。基于对社会结构与社会行动的不同看法，派生出了社会学的不同流派。"如果说功能主义和冲突理论的视角把重点放在了支撑社会和影响人类行为的结构上，那么社会行动论则对形成这些结构的行动和社会成员的互动给予了更多的关注。"[1]

曾经有学者提出，"中国改革开放之初，具有明显的用行动来破解结构的特征，而进入新世纪特别是党的十八大以来，则呈现出用结构来规范社会行动的迹象"[2]。这种说法很具有启发意义。为此在研究中国社会时，应当把结构与行动的关系放在一个更长的时序中来考察，既看到结构对行动的约束性、规定性，也应当将社会成员的社会行动甚至个体行为看作重要的变量，从而在结构与行动的复杂关联中破解中国社会发展的秘密。"经济体制改革及社会经济高速增长给个人和群体的社会流动创造了广阔的空间，而个人和群体的社会流动又促成社会结构的变迁。市场过渡和工业化的发展逻辑是当前中国城镇社会流动的双重结构动因"。"在一个社会中，社会流动和社会结构之间的联系是非常紧密的相互因

---

[1] 〔英〕安东尼·吉登斯：《社会学》（第4版），赵旭东、齐心等译，北京大学出版社，2004，第24页。
[2] 这个说法源自与中国社会科学院社会学研究所陈光金研究员的讨论。由于讨论的随意性以及语言交互中语意传播的失真性，如有表达不准确现象，责任完全在笔者本人。

果关系。一方面，社会结构的性质——开放或封闭程度，决定着相对社会流动率，决定着上升流动机会在群体和个人之间的分布状况，同时还决定着不同群体的流动类型。另一方面，社会流动又是社会结构分层的一种过程，在社会阶级阶层结构变迁过程中，社会流动是定型新的结构的关键性因素。"①

下面，我们拟选择改革开放以来特别是近十多年，一些具有标志性意义的事件，来展开本部分的讨论。

提到改革开放，有一个重要的事件——1978年安徽凤阳县小岗村18户农民突破当时高度集中的生产管理体制，签订"大包干"契约，把1100亩耕地分到了20户人家。这个具有一定偶发性的事件，后来在与国家政策的互动中，最终进入公共政策领域并被法律、宪法固定下来。最初农村家庭联产承包责任制在部分地区的"地下"流行，以其明显的经济绩效推动了我们对计划经济体制的一系列反思，启动了我国农村改革甚至可以说整个经济体制改革的进程。1982年1月1日中国共产党历史上第一个关于农村工作的一号文件正式出台，明确指出包产到户、包干到户都是社会主义集体经济的生产责任制。2003年3月，《农村土地承包法》施行，第一次以法律形式赋予农民长期而有保障的土地承包经营权，标志着我国农村土地承包步入法制化的轨道。此后，家

---

① 李春玲：《社会结构变迁中的城镇社会流动》，《社会学研究》1997年第5期。

庭联产承包责任制变成我国的一项基本经济制度。随着农村劳动力的减少以及耕作方式的变革，农村土地又逐渐出现了自发流转现象和集中趋势。面对这种情况，公共政策又出现了逐步的转向。2013年1月31日，中央一号文件发布。提出引导农村土地承包经营权有序流转，鼓励和支持承包土地向专业大户、家庭农场、农民合作社流转；采取奖励补助等多种办法，扶持联户经营、专业大户、家庭农场。

事实上，在过去的数十年中，这样的例子非常多。比如奠定当前农村基本管理制度的村民委员会制度。其起源是1980年广西宜州市合寨村村民为解决农村治安问题，以差额选举的方式民主投票选举产生了"中国第一个村民委员会"。再比如，农民工问题。农村剩余劳动力外出进城务工，直到20世纪90年代中期还是不为政策鼓励的，甚至在某些地区、某些时间段还出现农民工被"驱赶"出城市的现象。随着农民工数量的增多，以及大量农民工权益保护问题的出现，农民工问题进入公共政策视野。特别是2006年国务院研究室关于农民工问题的调研，为农民工"去污名化""正名"，提出农民工问题事关我国经济和社会发展全局，提醒全社会要充分认识解决好农民工问题的重大意义，最后还形成了《中国农民工调研报告》及系列调研报告，为《国务院关于解决农民工问题的若干意见》出台提供了基础。[1] 2011年，时任

---

[1] 国务院研究室课题组：《中国农民工调研报告》，中国言实出版社，2006。

总理曾帮助农民工"讨工资",2012年人力资源和社会保障部、住房和城乡建设部、公安部等六部门联合行动解决拖欠农民工工资问题,2020年颁行《保障农民工工资支付条例》。又如,中国还有一类非常容易见到的行动与结构互动模式,即中央或者说上级党政机关允许甚至鼓励地方、下级或者民间的创新做法,允许地方、下级或者非官方的"试错"或者说试验,以此来对某些做法、措施进行可行性、有效性的测试,总结经验和提升适用性,其中一些可复制、可推广的经验,不光能够得到肯定和激励,许多行之有效的做法还可能被吸纳采用到更高一级的公共政策中被广泛推行。

这些案例都表明,作为一种积极回应型政府,中国公共政策和制度的演进呈现一种包容、开放和合作的模式。这表明社会成员的社会行动是非常具有公共价值的,个体或者小群体的诉求、做法或者尝试,能够通过一定的机制实现向公共政策的转化,从而对社会结构产生根本性的影响。比如,前述农民工问题的出现及相关公共政策的出台,对于我国的城乡结构、就业结构、收入分配结构以至阶层结构,都产生了巨大的影响。在这里,制度变革或者公共政策是社会行动与社会结构的中间性变量,换言之,社会行动必须通过改变制度或者说公共政策,才可能对结构产生作用。

当然,并非所有的社会行动和社会结构的互动都表现得如此平滑平稳。比如，2010年前后大量出现的工人罢工、某些地方曾经暴发的反对上马重大工程项目的群体性事件、工业化和城市化过程中大量征地拆迁诱发的社会冲突事件，不少是以比较凌乱的随机性博弈或者非常触目惊心的对抗性过程而展开的。这样的结果，其中不少大大超出了这些行动者的最初设想。但这也提供了一个非常好的行动与结构分析的框架。特别是在中国不断推进全面深化改革的过程中，个体或群体的大量的社会行动，其中不少是对旧的制度、体制机制甚至原有法律的冲击和突破，这样，识别、包容、互动、提升并将其合理成分和做法吸纳到改革议程，甚至最终变为新的制度和法律，是我国区别于西方依靠政治代理人、游说团体、压力团体甚至街头运动的一个鲜明特点。

还要注意到，中国改革开放的进程虽然鼓励、包容社会成员的社会行动，以促进对结构的改进和优化，但与此同时，结构的约束性对于社会成员的资源获得、社会地位变化也有着非常强的规定意义。比如，仍以农民工为例，其经历了自发性外出务工经商、形成比较大的规模、偶发性个体维权（比如以极端方式讨要工资）、引发社会关注、纳入公共政策规制、法律政策性保护等一系列与外部世界的互动过程，而且从较长时段看，农民工的工资水平、劳动保障、生活条件总体看是不断改善的。这应当是一个底层群体与政府互动、阶层性向上流动从而促进结构优化的正面例子，但反过来看，这个群体经历40多年，已经出现"三代"人的数亿人口，仍然不能获得与其他城市社会成员相同的子女教育、医疗保险、养老保障、住房福利等方面的平等公共服务。究其原因，当然与我国长期的城乡二元结构、阶级阶层结构有着很强的关联。甚至富士康连续跳楼事件反映的也不过是我国结构的某个片段或者说侧面。因为大生产的理性化和机械化，必然催生人的异化和"人的原子化"，而人际关系的冷漠、疏离恰是这种原子化的外在反映。跳楼只是一种被动的抗争或者说解脱而已。而抗争的对象与其说是命运，不如说是社会结构。

同时，社会结构的约束性也并非能够绝对奏效。因为如前所述，在现代国家，社会结构与社会行动发生关联，许多都要通过制度或者公共政策发挥作用。而制度或者公共政策的生成、推进、执行和监督又是一个非常复杂的与社会成员博弈的过程。比如，党的十八大以来我们坚持和加强党的全面领导、全面推进党的建设、全面从严治党。其中一个重要内容是不断加强反腐倡廉工作，形成了反腐败斗争压倒性态势。不但"打虎"无禁区、"拍蝇"不手软、"天网"收实效，而且通过运用"四种形态"，从小处抓起、从日常抓起，对反映党员干部的苗头性、倾向性问题，及时予以纠正，防止腐败势头蔓延。应当说，处理好公共权力的运用问题、调整好"官民"关系是历朝历代、每个国家都要非常认真对待的问题，这既是一个政治问题，也是一个直接影响社会结构的问题。但无论从历史上看,还是从国际横向比较看,都是一个复杂而困难的问题。党的十八大以来,无论是从顶层制度设计,还是体制机制完善,抑或是领导重视、群众积极参与,其成效都是非常明显的——各级党组织和党员的面貌焕然一新,许多长期得不到根治的顽疾被遏制。这是公共权力资源配置、"官官""官民"结构合理化的正面例子。但是,并非所有的政府对于结构的积极调整都能达到效果。比如,面对老龄化、少子化的问题,我国在十年内多次调整计划生育政策。但从近年人口生育的实际情况看,新出生人口数量并没有出现较大变化。这可能是由于这个制度又必须通过每个社会成员或者说每个家庭的个体化决策来达致效果,由是,个体的社会行动就又反过来对于制度执行形成约束,其结果就是我国人口结构、家庭结构甚至未来就业结构的调整,变成一个非常困难的事情。类似这样的例子,还有我们近年关于收入分配结构调整的问题。

另外,还要看到,社会行动在今天开始有了非常新的形态,而社会行动的组织也呈现新的特征。《中国卡车司机调查报告》(以下简称《报告》)就非常生动地反映了这一点。[①]《报告》通过大量的调查发现,全国3000多万卡车司机面对复杂的市场和相对弱势的职业地位,从2014年以来

[①] 传化慈善基金会公益研究院"中国卡车司机调研课题组":《中国卡车司机调查报告(No.2):他雇·卡嫂·组织化》,社会科学文献出版社,2018。

越来越热衷于创建自己的组织,以借助组织的架构和力量,来解决劳动过程中的救助、讨债、议价和认同"四大需求"。卡车司机"组织化"现象破解了卡车司机原子化、分散化劳动的局面。按照这本书的观点,卡车司机群体的组织形态演化历经了计划经济时代的"他组织"、改革开放前中期的"无组织"和现在的"再组织"三个阶段。在"再组织"阶段,卡车司机通过自主建构组织而表现出强烈要求"承认"的实践取向。而且,基于组织基础和资源不同,卡车司机的组织化还呈现不同类型。《报告》指出,在现代科技条件下卡车司机们通过互联网以实现组织和联络,他们之间开始超越利益计算、超越熟人互助的再组织化,以一种全新的方式进行社会再建构。而这是我国传统的依靠企业、依靠工会等方式难以实现的。这种在新的社会条件下,对旧的社会组织进行解构,同时又按照新的方式对社会进行再建构的现象,是我国社会结构变迁的一个重要侧面。

八 社会观念和文化形态的变化:与社会的二重奏

在社会学视域内,观念与文化既是社会变迁的一个结果,也是诱发社会结构变化的重要动因。因为,"所在社会的整合都依赖这样一个事实:它们的成员是在共同文化造就的结构化的社会关系中被组织起来的。没有社会,文化就不可能存在;反之亦然,没有文化,社会也不可能存在……事实上他们是紧密啮合的"。①

关于文化对社会发展、社会结构的影响，最著名的研究当属马克斯·韦伯的《新教伦理与资本主义精神》。② 这本书开宗明义地提出问题，要找到"工商界领导人、资本占有者、近代企业中的高级技术工人，尤其是受过高等技术培训和商业培训的管理人员，绝大多数是新教徒"的原因。他的解释是，西方文明不同于其他文明的一般特征就是理性主义，其源头一直可以追溯到整个西方文明传统。发生在西欧的新教改革原本是出自宗教动机，新教伦理所表现出的现世禁欲精神和合理安排的伦理生活实际上促进了经济活动的开展，新教伦理赋予了经商逐利行为以合理的世俗目的。换言之，新教现世禁欲主义伦理为资本主义企业家提供了一种心理驱动力和道德能量，从而成为现代理性资本主义兴起的精神动力。

对于中国来说，社会观念和文化形态对于社会发展却以完全不同的方式展开。"从一定意义上讲，如果说新教伦理是西欧发达国家现代化进程之所以能够得以顺利推进的一个重要因素的话，那么，较之很多国家来说，更为明显的世俗化现象或'世俗化伦理'则是中国自改革开放以来现代化建

---

① 〔英〕安东尼·吉登斯：《社会学》（第4版），赵旭东、齐心等译，北京大学出版社，2003，第29页。
② 〔德〕马克斯·韦伯：《新教伦理与资本主义精神（第3版）》，苏国勋等译，社会科学文献出版社，2010。

设之所以能够取得举世公认巨大成就的一项极为重要的推动力量，而且会对未来的中国现代化建设产生巨大的影响。"① 如果非要用一个直白的表达来对中国改革开放以来的观念和文化进行概括的话，"一切向钱看"可能是比较贴切的，虽然这多少带有贬义的色彩。而这当然是世俗生活在市场化条件下最直接的折射，体现的是各个社会主体的精心"算计"，而这种"算计"与国家治理目标的咬合，使得国家发展、社会进步、个人福利提升实现"帕累托最优"式的多元共赢。

从大的时代背景看，党的十一届三中全会确立了改革开放、以经济建设为中心的方针，从而揭开了中国经济改革的序幕，为我国社会成员的经济追求提供了政治合法性。邓小平曾经说过，中国的改革是从农村开始的，这个发明权是农民的。当年，安徽省凤阳县小岗生产队的18户农民，冒着极大的政策风险在"大包干"协议上按下18个鲜红的手印时，无非是不想再出门讨饭、盼望通过自己努力实现温饱。而后来日渐明晰的以市场化为导向的经济体制变革，为社会成员勤劳致富、创新致富提供了极大的空间，也成为调动全社会积极性、创造性最关键的一环。外资企业、私营经济和个体经济的出现与后来的蓬勃发展，都仰赖于此。全国第一

---

① 吴忠民：《世俗化与中国的现代化建设》，《清华大学学报》（哲学社会科学版）2020年第2期。

位取得营业执照的"个体工商户"章华妹,其经商初衷也不过是摆个小摊、赚点小钱维持日常家用开销。城乡之间不同的经济资源配置和向上流动机会,以强大的吸引力(主要体现在劳动的经济收入回报差)将农村劳动力"拉"向城市以及第二、三产业,由此导致的城市空间不足和财力不可持续,则演化成城市"偏向"的征地拆迁以及地方政府"土地财政"。全社会对于以前生活的痛苦记忆和"逃离"以及对美好生活的向往,变化成"痛并快乐着"的集体性创富活动。他们创造的财富,除了必要的积蓄外,其中不少又投入现实物质生活。人们用获得的收入购买家电、通信产品、汽车、房产、旅游、健身等各类消费产品以改善生活、证明成功,由此拉动了工业化、信息化的循环链条。由于我国长期有重视教育的传统,再加上现代市场条件下教育作为家庭投资的稳定回报,全社会对于以教育为代表的公共产品需求旺盛,大学不断扩招(包括研究生扩招、本科扩招、高职扩招)、各类民办教育火爆、出国留学人数迭创新高。"对于现代化建设而言,中国世俗化所具有的现实生活上的需求,中国民众普遍并且是期望值相对过高的人生目标以及社会成员对于家人在基本生活上几乎负有无限责任的特征意味着中国民众非常'想干';中国世俗化所具有的民众对于生活目标追求极为勤奋努力的特征,意味着中国民众非常'肯干';中国世俗化所具有的民众十分重视实现路径的可行实用的特征,意味着中国民众非常'会干';而中国世俗化所具有的极为重视教育的特征，意味着中国民众十分看重人力资源的更新换代因而非常'能干'。对于现代化建设来说，广大社会成员'想干''肯干''会干'以及'能干'的这一切汇聚交集在一起，就必然会生成一种强大的、涉及面广泛的而且是源源不断的现代化建设内生动力，进而能够有力地推动改革开放以来中国现代化建设快速、持续的前行。"①

从这个角度看，对于美好生活的向往，为具有悠久世俗传统的中国人提供了一种强大的心理驱动力——当然，我们的公共政策和群体价值观也参与了这种文化与观念的塑造——比如，我们对摆脱贫困、勤劳致富事例的广泛宣传和正面鼓励表扬。在人性这一点上，对于世俗美好生活的追求，可以说是我国就业与职业结构、城乡结构、区域结构、收入分配结构、消费结构、社会阶层结构变化的原初动力。与此同时，为什么今天许多年轻人不再早生、多生孩子，为什么家庭趋于小型化，许多现实问题也能从经济考量中找到部分答案。近年的就业、教育、医疗、社会保障等社会热点问题，不少也基本可以化约成利益分配问题，而大量爆发的拆迁、征地、罢工等许多社会矛盾和社会纠纷也多以利益补偿为核心诉求。

---

① 吴忠民：《世俗化与中国的现代化建设》，《清华大学学报》（哲学社会科学版）2020年第2期。

当全社会将注意力放在"做大蛋糕"和"分好蛋糕"的同时，不能忘了世界上除了这些日常生活，还有很多"与钱没关系"的事情。恰如"潘多拉魔盒"一样，以"一切向钱看"为代表的世俗化文化与观念，也带来了社会生活的庸俗化和社会成员追求的低俗化，甚至向人世间释放出不少邪恶的成分。以对物品的绝对占有和追求享乐主义为特征的消费主义兴起、符号价值的宣扬和过度包装、"满大街都是LV包"的炫耀式消费的流行、传播媒介和大众文化的泛娱乐化、追求购物快感体验而非商品实用价值等现象，都对生产、流通、消费的结构与过程产生影响，甚至开始有了自动生长、自动传播、自动强化的机制。其中一些作为新生文化和观念的一部分，对传统观念和主流价值产生冲击。比如，2010年一位参加江苏卫视《非诚勿扰》节目进行电视相亲的姑娘明确提出，"我宁愿坐在宝马里哭，也不愿坐在自行车上笑"。这个故事发生后，无论是现实生活中的讨论，还是网络空间上的"灌水"，都出现了多样化的看法和认识，其中不少还上升到了观念之争和人身攻击。而近年在许多地方出现的"高价婚姻""天价彩礼""夫妻为炒房而离婚"等现象，也让爱情婚姻添加了不该有的过重现实考量。

在已经得到物质消费保障之后，特别是在主流社会成员代际更替完成之后，基于对过度物质化和世俗生活的反思，近年人们的价值观也在发生变化。"原来是物质主义倾向，对物的占有和积累非常感兴趣，而后物质主义关注的焦点和偏好，则转向了良好的环境和心理感受、获得他人尊重、社会关系和谐等方面。也就是，以前更喜欢发财，现在更喜欢发呆。另外，以前是非常工具理性的，目标、手段和行动路线都算计得非常精确；整个社会的组织模式也是高度理性化的。现在人追求更多的是自在、感性、随性，十分向往'一场说走就走的旅行'。"① 这表明整个社会的价值偏好、兴趣取向都在发生很大的变化。

值得指出的是，党的十八大提出，倡导富强、民主、文明、和谐，倡导自由、平等、公正、法治，倡导爱国、敬业、诚信、友善，积极培育和践行社会主义核心价值观。2013年12月，中共中央办公厅印发《关于培育和践行社会主义核心价值观的意见》。"党的十八大以来，以习近平同志为核心的党中央带领全国人民坚持发展社会主义先进文化，加强社会主义精神文明建设，培育和践行社会主义核心价值观，传承和弘扬中华优秀传统文化，坚持以科学理论引路指向，以正确舆论凝心聚力，以先进文化塑造灵魂，以优秀作品鼓舞斗志，爱国主义、集体主义、社会主义精神广为弘扬，时代楷模、英雄模范不断涌现，文化艺术日益繁荣，网信事业快速发展，全民族理想信念和文化自信不断增强，国

---

① 《冯仕政：解决中等收入陷阱，着力点不在经济在社会治理上》，新京报，2020年9月2日，https://baijiahao.baidu.com/s？id=1676713439669070646&wfr=spider&for=pc。

家文化软实力和中华文化影响力大幅提升。"① 在党和政府全面加强文化建设的大力推动下,我国的主流价值观得到弘扬,大众传媒和互联网风气得到净化,社会主义核心价值观日益深入人心。但也要看到,源于儒家文化和伦理本位的东方社会观念与源于古希腊文化和自由本位的西方社会观念将长期共存,多元价值和多元文化的交流、交汇、交融甚至交锋将长期存在。如何在丰富民众物质和精神生活的同时,保有中华传统优秀文化的根本,科学理性吸纳人类社会一切优秀文明成果,仍然是我国国家治理的一个重要命题。特别是,如何把握好文化与社会的关系,发挥好"观念"或"文化"在社会系统中的作用,通过价值、观念、文化等促进社会系统的稳定和理性变迁,是"五位一体"总体布局中要认真面对的课题。

"两个世纪以来,社会理论家们一直致力于创立一套解释社会变革的宏伟理念。但是人类社会的发展,从狩猎和采集及游牧社会到传统社会,再到今天高度复杂的社会系统,没有任何一个单因素理论可以解释其中的多样性。"② 这段话在解释今天中国的社会发展时仍然适用,虽然我们林林总总地列举了我国社会结构变迁的八个动力,并试图解释这些动力对于结构产生影响的具体作用机制,但社会生活的复杂性

---

① 王蒙:《新时代文化繁荣发展之道》,《人民日报》2019年3月22日。
② 〔英〕安东尼·吉登斯:《社会学》(第4版),赵旭东、齐心等译,北京大学出版社,2003,第54页。

不光使得实际影响因素非常之多,而且每个不同要素之间也可能具有非常复杂的交互作用。正如恩格斯所指出的,"历史是这样创造的:最终的结果总是从许多单个的意志的相互冲突中产生出来的,而其中每一个意志,又是由于许多特殊的生活条件,才成为它所成为的那样。这样就有无数互相交错的力量,有无数个力的平行四边形,而由此就产生出一个总的结果,即历史事变,这个结果又可以看作一个作为整体的、不自觉地和不自主地起着作用的力量的产物"。[①] 或者我们也可以用社会学人更熟悉的德国社会学家冯维瑞(Von Wiese)的地毯的隐喻:地毯是由数量巨大的五彩缤纷的丝线编织而成的,虽然丝线是非常多样的,地毯却呈现一个远远超越丝线形态的样貌。这就恰如历史过程是无数个体行动的后果,然而最终社会呈现的是超越所有个体的一个形态。

更要看到,我国社会结构仍处于调整变化的过程之中,社会流动和社会结构尚未完成和定型,这使得问题的复杂程度更高。这既是社会学研究的困难之处,也可能是社会学研究的魅力之所在。

[①] 〔德〕恩格斯:《致约·布洛赫》,载《马克思恩格斯选集》第4卷,人民出版社,2005,第697页。

第四章
趋势：优化我国社会结构的对策建议

我国进入全面建设社会主义现代化国家、向第二个百年奋斗目标进军的新阶段，要通过科学的公共政策，对社会资源和机会配置进行必要的干预，纠正发展过程中出现的市场失灵和社会结构扭曲，促进社会结构的优化。

"社会学是现代性催生并伴随着工业社会的出现而诞生的一门学科,这门学科在诞生之初确立的主旨和目标,就是致力于社会的秩序和进步。而秩序和进步在具体的经验层面上,就具有均衡、稳定、协调与和谐的意涵。"① 现代社会学既承担着解释社会的功能,也承担着改造社会的功能。所以,用社会学理论对社会进行分析、研究、解释、判断只是社会学的工作内容之一,如何用社会学知识促进建设更加美好的社会,是社会学更重要、更艰巨的任务。"肇始于英法的启蒙运动高扬人的理性,对传统的迷信、无知予以猛烈抨击,并对以德国古典哲学为代表的抽象形而上学玄思发出挑战。此时,社会学便从哲学中脱胎出来,充任现实社会的解说人和建设者。"② 被社会学称为主要奠基人的孔德、马克思、涂尔干、韦伯等人,都不约而同地将一生用于探究所处时代由工业化而引发的重大社会变革,通过考察工业社会到来对法国、英国、德国、美国等国家的经济发展、社

---

① 李培林、苏国勋等:《和谐社会构建与西方社会学社会建设理论》,《社会》2005 年第 6 期。
② 刘少杰、王建民:《现代社会的建构与反思——西方社会建设理论的来龙去脉》,《学习与探索》2006 年第 3 期。

会秩序的冲击，从而意图理解社会变迁、社会结构等社会学核心命题。

我们对于中国社会结构变迁的过程及原因进行分析，也是为了帮助我们在认识真实社会的基础上，通过适当的公共政策来加快推进社会结构的优化。这是社会学的研究传统，更是建构中国特色社会主义社会学的题中之义。2020年8月24日，习近平总书记在经济社会领域专家座谈会上提出，要"不断发展中国特色社会主义政治经济学、社会学"。这是党中央首次提出这一重大理论课题。要求我们在继承先贤"建立面向中国实际的人民社会学"的基础上，[1] 扎根中国大地，以中国特色社会主义社会运行和社会发展的一般规律为研究重心，以社会主义革命、社会主义建设、改革开放的伟大实践及其理论研究为主题，以中国特色社会主义实践过程中形成的一系列社会学本土概念和理论为主要研究对象，坚持从实求知、脚踏实地的学术风格，坚持"各美其美、美美与共"的学术胸怀，为中国特色社会主义现代化建设做出社会学的贡献。[2] 特别应当引起注意的是，虽然现代意义上的社会学是从西方舶来的学问，西方社会学在其发展进程中也取得了相当的成绩，但中国40多年改革开放的伟大实践，在

---

[1] 费孝通：《建立面向中国实际的人民社会学——费孝通教授1981年10月6日在省委礼堂作的学术演讲》，《江苏社联通讯》1981年第17期。
[2] 龚维斌、张林江：《中国特色社会主义社会学：理论基点、学术渊源与学科品格》，《南京社会科学》2020年第11期。

很多方面超越了西方传统理论。为此,"问题导向"的当代中国社会学,应当将社会学研究和解决经济社会发展中的现实问题密切联系起来,为"中国经验"的积累提供有力的知识支持。从这个维度来说,中国的社会学研究除了对我国现实问题进行理论分析和政策支持之外,还肩负着"后西方社会学"的学术使命。①

2010年出版的《当代中国社会结构》一书曾经指出,"与经济发展相比,社会结构存在调整滞后问题,因此,进行社会体制改革,加强社会建设,调整社会结构,是目前和未来一段时期中国面临的重要任务",②并估算当时我国社会结构大约滞后于经济结构15年。今天,这个判断是否仍然成立,需要我们根据已经变化的情况进行再审视和再判断,并提出更具有针对性的对策。

一 我国社会变迁的六个新特点

改革开放以来中国的社会变迁在人类史上是前所未有的。就其规模来说,中国人口数量达十余亿,超过目前全球实现现代化的国家人口总数;就其发展基础来说,当时中国是世界上最贫穷国家之一,有84%的人口生活在每天1.25

---

① 尉建文、李培林:《后西方社会学与当代中国社会学》,《北京师范大学学报》(社会科学版)2018年第1期。
② 陆学艺主编《当代中国社会结构》,社会科学文献出版社,2010,第39页。

美元的国际贫困线之下,国家的工作重心刚刚转向以经济建设为中心;就其发展速度上说,在短短一代人的时间内实现了经济的腾飞和社会结构质的变化;就其发展的艰巨性来说,是经济、政治、文化、社会和生态文明同步现代化的过程,还经历了计划经济到市场经济的转变;就其发展的复杂性来说,由于发展基础不同、各地具体情况差异很大,不得不在统一的国家制度和战略下充分调动各地、各方面的积极性和创造性,原则性和灵活性很难把握;就其发展环境来说,由于邻国多且形态各异,面临社会主义与资本主义的意识形态冲突、国际关系不确定性不断增强、"灰犀牛""黑天鹅"事件高发等外部环境,如何塑造有利于国内发展的国际环境、充分运用国内优势融入国际大循环是个操作难度很高的管理问题。从社会学的角度看,我国这些年的社会变迁有如下主要特点。①

其一,我国社会结构滞后于经济结构的问题得到一定程度的缓解,但社会结构仍然不合理,应当引起高度重视。2010年出版的《当代中国社会结构》曾经根据国际经验和中国实际,以2020年和2050年为目标期,初步建立了一个我国社会结构调整的核心指标框架目标(见表4-1)。

如果从上述目标及相关指标考察,我国的社会结构出现

---

① 本部分内容的主要观点来自龚维斌的相关文章,其中对部分观点、表述和数据进行了必要的修正。参见龚维斌《我国社会结构:变化、特点及风险》,《中国特色社会主义研究》2019年第4期。

表 4-1　我国社会结构调整目标

调整框架	核心指标	2050年目标	2020年目标	2021年数据
就业与职业结构	第一产业从业人员比重	<10%	<30%	22.9%
城乡结构	城市化率	>80%	>55%	常住人口城市化率64.7%；户籍人口城市化率46.7%
收入分配结构	收入分化状况	消除两极分化，实现普遍富裕	三大差距得到控制	城乡差距有所缩小，区域差距变化不大，阶层差距仍在扩大
社会阶层结构	中产阶层占比	中产阶层成为社会主导阶层	≥35%	中等收入群体占1/3左右

资料来源：根据《当代中国社会结构》一书相关内容整理。

了一些非常可喜的变化。目前，第一产业从业人员比重降到22.9%，远低于2020年30%的目标；城镇化率达到64.7%，远高于2020年55%的目标；收入分配中的三大差距控制情况有好有坏，总体看城乡差距有所缩小，区域差距变化不大，阶层差距仍有扩大趋势，可见党中央及时强调共同富裕的发展目标是具有针对性的；中产阶层的培育方面，2022年我国中等收入群体占总人口的1/3左右，基本接近2020年的目标值35%。以上述主要指标衡量，我国的社会结构得到了很大程度的改进，部分缓解了与经济结构的不适应、不匹配状况。但更应当看到，无论是与我国的经济发展和现代化的历史进程相比，还是与发达国家的社会结构相比，我国的社会结构还不尽合理，仍存在很大的改进优化空间。特别是，就业的总量问题得到缓解后，就业的结构性问题更加凸显；

收入差距拉大的趋势得到部分抑制后，财富差距较大的问题突出暴露出来；城乡结构和社会阶层结构的张力也依然很大。还要看到，一些事关结构调整的深层次难题处于长期胶着状态，政策频出但实际效果有限。比如，常住人口城市化在经历较快增长后，近年来开始降速。户籍人口城市化的步伐一直比较沉重，特别是流动人口的公共服务存在很大的缺口和压力，决策者也缺乏较大的信心，只能以时间换空间。在脱贫攻坚与乡村振兴衔接过程中，不少地方的农村发展仍然面临着产业、资本和组织化等难题。再如，社会的组织方面，群团组织和事业单位的改革未能得到社会的普遍认同，社会组织的发展又进入一个瓶颈期。这些问题的解决，都需要我们充分认识社会结构调整的重要性，采取切实措施加以推进。

其二，时空压缩特征更加明显，前工业社会、工业社会和后工业社会的一些社会问题集中出现。我国在短短的40多年里经历了发达国家用二三百年时间完成的工业化、城镇化过程，社会结构变迁和其他诸多方面一样具有时空压缩的特征。随着互联网和人工智能等现代科技的广泛运用，这一特征更加明显。例如，在人口结构方面，以65周岁以上老年人口比重从7%增加到14%所需的时间为例，法国用了115年，瑞士用了115年，英国用了40多年，而我国只用了24年，[1]

---

[1] 《老龄人口占比从7%提升到14%，用了24年！城市适老化建设亟需提速》，凤凰新闻网，2021年2月8日，https：//ishare.ifeng.com/c/s/voo2dCI069025Qfs13e27fc--75tws8w5ivfofaqfeQ6--C98。

造成了"未富先老"和"未备先老"。1978年以后,我国实施严格的计划生育政策,严格控制人口过快增长。在计划生育政策取得积极成效的同时,人口老龄化也不期而至。为了应对人口老龄化,国家开始调整计划生育政策。2013年11月,党的十八届三中全会通过《中共中央关于全面深化改革若干重大问题的决定》,其中提出"坚持计划生育的基本国策,启动实施一方是独生子女的夫妇可生育两个孩子的政策"。根据实际生育情况,2015年党的十八届五中全会又明确提出"全面实施一对夫妇可以生育两个子女的政策"。2015年12月,全国人大常委会表决通过《人口与计划生育法》修正案,全面二孩制度于2016年1月1日起正式实施。2021年5月31日,中共中央政治局召开会议,审议《关于优化生育政策促进人口长期均衡发展的决定》,提出要进一步优化生育政策,实施一对夫妻可以生育三个子女政策及配套支持措施。2021年7月《中共中央国务院关于优化生育政策促进人口长期均衡发展的决定》公布。2021年8月,全国人大常委会会议表决通过关于修改《人口与计划生育法》的决定,修改后的《人口与计划生育法》规定,国家提倡适龄婚育、优生优育,一对夫妻可以生育三个子女。但从政策的实际效果看并不明显。除了人口结构外,中国的许多社会结构都具有上述特征。这是因为,在西欧,传统社会转变为现代社会用了几百年时间,实现现代化后又经过很长时间才进入"后现代"。传统、现代性、后现代性三者之间是逐步的继替过程。我国却既有从传统社会转变为现代社会的问题，还有从计划经济转变为市场经济的问题，又面临着如何走向世界的问题。而此时世界已经出现了"后现代"的征象。于是，改革开放的中国就面临着传统性、现代性与后现代性的前所未有的大汇集、大冲撞、大融合。由于当代中国的发展不可能是一个慢慢进化的过程，而必须在不太长的时间内完成多重社会进步任务，所以发展就具有了时空压缩的特点。[①]因之，中国社会结构既具有发达国家结构变迁的共性特点及由此伴生的社会问题，也具有因时空压缩型发展模式而滋生的社会问题。

其三，利益格局更加复杂多变，社会结构调整的公共政策出台难、执行难、奏效难。比如城乡结构调整面临新形势。以前农民进城一直有着城市吸引力和农村缺乏发展前景的"拉""推"双重力量。现在随着农村情况的改变，部分农村的农业户籍值钱（其实质是这些地区的农民享受到了集体经济分配权、耕地和宅基地等土地权益）了，农民一方面愿意进城务工经商和生活，让子女在城市读书，享受城市的公共服务；另一方面不再愿意轻易放弃农业户籍。再如，在就业结构方面，当年农民工进城务工多在"脏苦累险"等体力劳动领域，对于工作很少挑挑拣拣。而由于成长经历的原因，现在的进城务工农村青年特别是年轻一代农民工更愿意

---

① 景天魁：《中国社会发展的时空结构》，《社会学研究》1999 年第 6 期。

在城市工作和生活，择业观念也倾向于脑力劳动和体面就业，但是他们的社会资本和个人能力又与职业要求有一定差距，导致"有人没事做"和"有事没人做"现象并存。另外，体制内和体制外、多种所有制、多种产业模式和就业形态并存，使得人们收入差距、劳动关系、权益保护、职业发展空间等方面的利益关系更加多元多变。体制内就业稳定性较好、住房医疗养老社保可预期，但是，收入不高，职业发展按部就班。在体制外创新性行业、高技术企业，特别是互联网企业，工作挑战性强、发展成长空间大，薪酬待遇与个人能力、绩效密切相关，但是，工作压力大而且极不稳定，经常面临被淘汰的风险。近年来，经济下行压力加大，产业结构升级和梯度转移，中西部地区劳动力向东部沿海地区流动速度放缓，特别是2018年以来国际经济形势波动较大，2020年以来新冠肺炎疫情影响中小企业的发展和招工，非农就业难度加大，不稳定性增加。

其四，社会需求在多元化和高级化中呈现阶层化和群体化特点，"超物质"的精神需求上升。马克思说过，人们的奋斗所争取的一切，都同他们的利益有关。改革开放以来，我国的社会需求结构总体呈现多样化、高级化的趋势。城乡居民的消费能力增强了，消费的个体性提高了，消费的种类多样化了，消费的附加价值要求高了。消费中的通信、教育、文化、娱乐、健康等方面的支出增长加快，汽车消费供需两旺。随着经济发展和物质条件的改善，模仿式、排浪式的大众化消费时代基本结束，人们开始追求个性化、差异化、小众化、品牌化消费。在客观需求变化的同时，人们主观的社会需要不断增强，例如，民主意识、公平意识、法治意识、参与意识、权利意识、环境保护意识等越来越强。根据中国社会科学院课题组的研究，近年来，我国城乡居民在参与社会组织方面，青年世代是主力群体，"90后"的社团参与率最高，达到58.5%，而"50后"及以前的世代参与社会组织的比例不足20%；受教育程度越高，参与社会组织积极性越高；职业地位越高，参与社会组织程度越高，白领职业群体（包括机构负责人、专业技术人员和办事人员）的参与率较高，其中机构负责人接近60%，其次是专业技术人员和办事人员，分别为53.8%和55.5%。农业劳动者参与社会组织的比例最低，仅为24.2%。农村居民的社会组织参与率低于城镇居民，二者分别为34.6%和39.7%。[1]

其五，社会成员的客观地位与主观认同不一致现象仍然较为突出，社会成员的整合仍然困难。改革开放以来，绝大多数社会成员的生活水平都有很大的提高和改善，以职业地位测量的客观社会阶层地位都有提高，处于下层和中下层职业地位的群体规模缩小，而处于中层、中上层甚至上层的职业地位群体的规模则相应有所扩大。然而大量的调查数据表

---

[1] 李炜、邹宇春：《中国城乡居民的社会和政治参与》，载李培林、陈光金、张翼主编《2019年中国社会形势分析与预测》，社会科学文献出版社，2018，第142~146页。

明，人们对自身经济社会地位的主观认同却呈现一种不同的变化趋势。中国社会科学院社会学研究所2013年和2015年年全国抽样调查数据均显示，有相当一部分人的个人财富、收入和消费水平都达到了中等程度甚至较高水平，但他们倾向于认为自己是中下层或下层。按客观指标定义的中产阶层人数明显增长，但承认自己是中间阶层的人的比例却没有明显增长。① 对于造成客观地位和主观认同不一致的原因，有多种研究和解释。有学者认为，一是相对剥夺感，例如，社会贫富差距扩大在一定程度上削弱了中产阶层的社会认同。二是焦虑感和生活压力较大，例如，在住房、医疗、养老、就业和物价等方面感受到较大的压力。三是制度性歧视使得部分中等收入群体并不完全认同其属于中产阶层，例如进城务工人员。主客观阶层认同不一致，还与社会环境变化以及重大历史事件的影响密切相关，形成代际认同的显著差异。20世纪60年代之前的群体倾向于政治身份建立中产阶层认同，认为体制内工作是个人是否属于中产阶层的重要判断标准。而"80后""90后"群体在阶层认同上更依赖其对自身经济身份的判断，认为经济收入、市场机遇、资源的占有是判断个人是否属于中产阶层的标准。有学者提出"混合型"主观阶层认同的概念，并用中国综合社会调查2010年和

---

① 李春玲：《中国中产阶级的不安全感和焦虑心态》，《文化纵横》2016年第4期。

2013年的数据研究了中国民众的主观阶层认同及其偏差的影响因素。研究成果表明，本人、配偶和父母的客观社会地位都会影响个体的主观阶层认同，且配偶和父母的社会地位是导致个体的主客观阶层地位出现偏差的重要因素。[①] 无论哪种解释，主观阶层地位认同比客观阶层地位认同比例低是一个值得注意的社会问题。

其六，国家出台的社会政策越来越多，对社会结构的调控能力不断增强，公共政策深度影响社会成员的社会生活。比如，国家用于民生保障和社会建设的支出越来越多，极大提高了全社会的基本公共服务水平，社会保障均等化程度进一步提高，城乡居民在基本公共服务方面的差距和收入差距在缩小。从2021年公布的财政支出决算数据看，中央本级支出达到35049.96亿元，中央对地方转移支付82152.34亿元。教育支出达到1690.35亿元。国家财税政策加强了对小微企业、个体工商户和制造业的支持。实施了失业保险保障扩围、稳岗返还等政策，加大创业担保贷款贴息力度，支持开展大规模职业技能培训，促进高校毕业生、退役军人、农民工等重点群体就业创业。同时，不断加强普惠性基础性兜底性民生建设，有力有效保障民生。强化疫情防控和自然灾害救助。完善教育经费投入机制，国家财政性教育经费占GDP

---

① 崔岩、黄永亮：《中等收入群体客观社会地位与主观阶层认同分析——兼议如何构建主观阶层认同上的橄榄型社会》，《社会发展研究》2017年第3期。

比重保持在 4% 以上。加大农村义务教育薄弱环节建设力度，提高学生营养改善计划补助标准，3700 多万名学生受益。城乡居民基本医疗保险人均财政补助标准提高到 580 元，基本公共卫生服务经费人均财政补助标准提高到 79 元。推动药品和高值医用耗材集中带量采购，把更多常见病等门诊费用纳入医保报销范围，住院费用跨省直接结算率达到 60%。退休人员基本养老金提高 4.5% 左右。企业职工基本养老保险基金中央调剂比例提高至 4.5%。将低保边缘家庭重病重残人员纳入低保范围，优抚对象抚恤和生活补助标准提高 10% 左右。① 根据人力资源和社会保障部公布的《2021 年度人力资源和社会保障事业发展统计公报》，2021 年末，全国参加基本养老保险人数为 102871 万人，其中参加城镇职工基本养老保险 48074 万人、参加城乡居民基本养老保险 54797 万人；年末全国参加失业保险人数 22958 万人，参加工伤保险人数为 28287 万人，各项社会保障覆盖率进一步提升。城乡居民收入差距进一步缩小，地区间居民收入相对差距有所缩小。农村脱贫攻坚取得决定性胜利，到 2020 年底如期实现现行标准下的农村贫困人口全部脱贫，稳定实现农村贫困人口不愁吃、不愁穿，义务教育、基本医疗、住房安全有保障。房

---

① 刘昆：《国务院关于 2021 年中央决算的报告——2022 年 6 月 21 日在第十三届全国人民代表大会常务委员会第三十五次会议上》，财政部官网，2022 年 6 月 27 日，http://www.mof.gov.cn/zhengwuxinxi/caizhengxinwen/202206/t20220624_3820957.htm。

价过快增长的势头得到有效遏制,"房住不炒"的定位深入人心,房地产市场平稳发展。我国自 2008 年开始,大规模推进城镇保障性安居工程建设,包括廉租房、公租房、经济适用住房、限价商品住房和棚改安置住房。大批城市中低收入群体搬进新居,实现住有所居。地区和城市人口调节取得一定成效,特大城市人口控制能力不断增强。例如,北京市通过疏解非首都功能,人口总量开始下降。21 世纪以来到 2010 年,北京市外来人口呈迅速增长态势,10 年间增长近 90 万人。在各项政策综合发力下,2011 年以后外来人口增速逐渐回落。常住人口自 2017 年以来连续出现小幅下降,2020 年全市常住人口为 2189 万人。①

二 我国非均衡社会结构的六大潜在风险

总体来看,改革开放以来,我国社会结构朝着合理化的方向变化,为社会现代化提供了有力的基础支撑。但是,也应该看到,社会结构内部不同方面变化不均衡以及社会结构调整总体上滞后于经济结构,给社会发展和社会和谐稳定带来诸多挑战和风险。这些挑战和风险既具有中国的特殊性,也具有人类社会的普遍性。因为,工业社会一些显性或隐性

---

① 尹德挺、胡玉萍、吴军主编《北京人口蓝皮书:北京人口发展研究报告(2021)》,社会科学文献出版社,2021,第 2 页。

的动态发展，必然会产生威胁和风险，呈现潜在的意外后果，并随着社会结构变得越来越复杂而被放大，同时又随着工业社会时期的成熟和强化及最终进入全球风险社会的新阶段而进一步被放大。这些风险不同于人类社会发展早期的风险，因为它们是由工业社会制造的，并已经内化成了工业社会功能运行不可避免、不可或缺的一部分。结构复杂性的最终悲剧就是形成一个连续循环，而在这个循环中，控制意图的扩大和加强反而产生了相反的结果。正是在这个意义上，乌尔里希·贝克指出，"生活在现代社会，就是生活在现代文明的火山口"。[1] 我们当然不能被这种略显夸张的预警和充满悲观的论调而绑住手脚，从而放弃对现代化的追求。但是，提前观察到或者预测、预判到我们前进路上的各种风险，并采取适当的政策加以调整，却是非常必要的。

其一，人口过度老龄化的风险。对这个问题既要高度关注，又不能过度担心。因为，目前人口老龄化是世界性难题，而且几乎所有的发达国家都是人口老龄化国家。但也要看到，我国人口老龄化是在经济水平不太高的情况下提前到来的，与老龄相关的各项公共政策尚不完备，老龄事业和老龄产业尚不发达，老年社会保障水平仍然较低。而且老龄人口规模大，城乡和区域之间还存在人口结构和服务保障方面

---

[1] 〔德〕乌尔里希·贝克：《风险社会：新的现代性之路》，张文杰、何博闻译，译林出版社，2018。

的差异。另外，少子化、人口红利下降、人口大量流动、家庭人口少类型多等特点，导致我国人口老龄化问题比世界上任何一个国家面临的风险和挑战都要大。特别是，我国人口老龄化的进程与实现中华民族伟大复兴的时间有所重叠，从而会对养老、就业、家庭生活、经济发展和社会稳定等都产生重大影响。

其二，大规模人口失业的风险。在城镇化的下一程中，农村向城镇转移人口的过程尚未结束，农村人口进城寻找非农就业岗位还要延续一个时期。由于劳动力素质、就业意愿与产业结构升级、新型业态就业形式之间往往不能很好匹配，因此必然会产生大量摩擦性和结构性失业。近年来，我国经济发展进入新常态，特别是面临中美贸易争端不断升级、国际地缘冲突的新形势，经济发展的不确定性因素进一步增加。2008年由国际金融危机引发的国内经济困难和2020年起新冠肺炎疫情引发的中小企业经营困难，都导致数以千万计的农民工返乡。未来由于二代农民工故乡观念淡薄、农村非农产业发展缓慢、不少地方农村衰败甚至撤并，农村的就业蓄水池功能将不复存在。而且，随着无人工厂、人工智能、互联网信息技术的发展，机器、技术和资本对劳动力的替代现象会不断强化。另外，年轻一代的就业观念和职业伦理观都在发生变化，灵活就业、不稳定就业大量增加。这些因素叠加在一起，增加了发生大规模失业的风险，也给就业相关政策的调整带来困难。

其三，农村基层治理难度加大的风险。中央党校（国家行政学院）2021年"全面实施乡村振兴战略研究"课题的调查表明，在党的坚强领导下，精准脱贫、乡村振兴战略调动了亿万农民的积极性，这为稳住农业基本盘、用好"三农"压舱石起到了重要作用。但是，与党中央和广大人民群众的需要相比，与乡村振兴艰巨繁重的任务相比，农村治理面临不少重点和难点工作。一是脱贫攻坚亟待与乡村振兴有效衔接。贫困人口脱贫后，生活状况大为改善，贫困地区面貌发生很大改变。但贫困户脱贫后，收入基础仍然比较脆弱，贫困户家庭人均收入在1万元以下的占60%。脱贫地区产业发展基础不牢固，自我造血能力不强。二是农村土地改革亟待重点突破。各地积极推进农用地流转，但受地理环境和土壤条件影响差别较大。集体经营性建设用地入市的法律和政策障碍消除，但实际进展较为缓慢，地方政府积极性不高。三是需要下大力气纠正"非粮化""非农化"倾向。种粮不如种植经济作物，搞农业不如搞二三产业，导致农民种粮和务农积极性下降。四是农村集体经济发展面临不少实际困难。五是农民对改善农村基本民生和基础设施的需求较为强烈。六是农村人居环境改善欠账仍大。生活污水、垃圾分类等"最后一公里"短板相对突出，一些地区改厕不符合地方实际，农民参与污染治理和生态保护的长效机制不健全。七是乡村精神文化生活质量有待提升。不少农民及其子女长时间沉浸在无意义的娱乐性信息和网络游戏，甚至网络"黄赌毒"等不良信息中。八是乡村布局调整需要提早谋划。九是农村居民的职业分化仍在快速进行中，涉农人口数量持续减少。农民收入总体上低于全体社会成员平均水平，但内部差距也在拉大。农村人口仍然处于外流阶段，农村常住人口老龄化严重。农村内部社会关系处于嬗变之中，基于血缘、地缘基础的"熟人社会"在瓦解。十是农村基层党建仍然存在不平衡不扎实现象。[1]

其四，社会融合特别是社区融合难的风险。大量流动人口进入城市和发达地区村庄，给流入地经济社会发展提供充足的人力资源，促进了流入地经济社会发展。同时，他们也会与流入地居民产生利益冲突和观念冲突。当前多数流动人口外出的目的是能够在流入地扎下根来工作和生活，实现农民向市民的转变，他们更多的是整家流动，在流入地购房或租房生活，与城市居民杂住混居。但由于流动人口不能完全平等地享受城市居民在子女教育、医疗健康、养老保障、就业帮助等方面的权利，彼此间出现猜忌、怨恨等情绪。在部分城市还曾经发生过能否让外地人口子女在本地高中上学、能否参加本地高考的争论的尖锐对立。另外，在国有企业改革特别是城市住房制度改革以后，新建商品房小区、拆迁安置房小区等产权结构多元化的居民区越来越多，城市居民本身

---

[1] 中央党校课题组：《乡村振兴的进展与工作重点难点》，中共中央党校《研究报告》2022年4月18日。

职住分离情况越来越普遍，居民区内住户之间少有联系，有"区"无"社"现象较为普遍，社区融合难度较大，社区治理、社会整合存在较多风险。

其五，向上社会流动受阻的风险。良性健康的美好社会，要创造尽可能多的向上社会流动途径和阶梯，让每个社会成员充满对未来的良好预期，都有"人生出彩的机会"。所以，防止阶层的固化、促进阶层的流动，是现代国家治理的重要内容。改革开放释放出巨大的社会空间，在这个过程中，绝大多数社会成员实现了经济资源、组织资源和文化资源的增长，生活水平不断提高，社会经济地位得到不同程度的提升。

但随着时代的变迁和社会资源增量的下降，近年我国的社会流动出现一些新的特点：第一，总体看，并未出现阶层固化、流动僵化，绝大多数人还能依靠自己的努力、才智和辛勤付出，继续实现向上的社会流动。第二，与改革开放之初和21世纪初期相比，跨阶层长距离流动在大大下降。当年，曾经有不少人依靠偶然性机会、抢先优势、特殊资源、技术创新、资本市场机遇、媒体"炒作"等快速致富或者"成名成家"，实现了从低层到中层甚至上层的"跨越"。比如，当年曾经有一批乡镇企业家，从普通农民开始经商办企业，在一代人内（有的仅在十来年内）就变成了亿万富翁；也有些农家子弟十年寒窗苦读，分配到党政机关工作适逢"干部年轻化"的机遇，经过努力成为中高级领导干部。今天，这样的可能性大大减少了。第三，跨阶层短距离流动仍然较为频繁，但阶层间的壁垒在增厚。比如，个体工商户最好、最便利的流动取向是私营企业主或经理人员，但受资金规模、技术要求、知识素质等方面的限制，这种近距离流动的"门槛"也抬高了。又如，农民最方便的流动是进城做农民工，但近年来在许多工厂加快"机器换人"、城市吸纳外来务工人员能力下降、百年疫情影响等综合作用下，农民向上流动转为工人困难加大。第四，优势阶层的阶层内流动或者相似阶层转换现象十分普遍，已经出现代际传递现象。更多的社会成员只能一辈子一个（或一类）职业，转换身份的可能性在减少。经济资源、政治资源、文化资源有向优势阶层、群体集中的趋向，"拼爹""官二代""富二代""贫二代"和"蚁族"等出现。优势阶层间身份转换现象大为增加，比如党政领导干部、国有企业间身份转变。干部的子女当干部、教授的孩子当老师、企业家的儿子干企业等现象司空见惯。要注意的是，受家庭能力、父母文化水平、社会关系等限制，工人、农民、商业服务业员工的子女在"上好的学校""出国留学""找好单位""发展机会"等多个方面处于劣势，有被锁闭在社会中下层的可能。在这种整体环境下，全社会的焦虑感上升，"内卷"日益严重。国际经验表明，阶层固化隐藏着巨大的社会发展风险，是滋长社会不满和仇恨的温床。如何保持旺盛的社会流动性，让更多的社会成员对未来发展充满信心，是社会政策必须着力解决的难题。

其六，阶层矛盾和群体冲突的风险。现代社会普遍有三大群体的对立冲突，我国虽有特殊国情，但也应当加以防范。一是劳资冲突的风险。受经济结构调整、经济下行压力以及分享经济新业态的影响，劳资纠纷将更加多发。近年发生的大量现实案例已经表明了这种趋势。二是干群冲突的风险。由于利益格局的复杂化、人们需求的多样化和趋高级化，群众工作越来越难做，干群冲突发生的风险大大增加。特别是原来的"单位制"不再具有调控和满足社会成员各种社会需求的能力，党和政府过去是间接面对群众，现在需要走向前台直接回应群众诉求，从而大大增加了干群冲突的概率。三是贫富冲突的风险。差距引发的仇富心理，在一定条件下会转化为低收入群体和高收入群体的冲突，甚至酿成社会对立和矛盾。

三 优化我国社会结构的对策建议

曾经有一个时期，受西方社会学规范主义、精致主义的影响，我国的社会学进行了大量细琐而微的小问题研究，而对中国正在经历的巨大社会转型、社会变迁视而不见，这明显违反了社会学的传统，因为"经典社会学三大传统的兴起，无不应对的是社会总体结构的问题，这与中国目前的情况很相似，所有细微的现象都会牵一发而动全身，都会牵掣出总体性的结构问题"。① 在一些研究者看来,似乎那些小问题都独立于这个时代,或者这个时代只是社会小问题的模糊背景。中国特色社会主义是人类史上的伟大实践。伟大的实践,呼唤伟大的理论创新。世界正处于百年未遇的历史大变局中,中国的发展仍然处于爬坡过坎的关键期。中国的社会转型既是实现中国式现代化、实现中华民族伟大复兴的必然前提,也是在西方国家普遍的治理困境中为全球治理贡献中国智慧、中国答案。为此,"只有社会学回到自身所特有的结构分析和机制分析上来,尊重和回应中国总体社会转型的大问题,我们才能同样用我们的头脑和双手和人民一起真正建设属于我们自己的和谐社会",② 才能为人类社会的进步发展做出更大的贡献。

如前所述,在现代社会中,除了国家干预和市场调节之外,社会结构转型是影响资源配置和经济发展的"另一只看不见的手",它既是经济增长的结果,也是社会变革的力量。③ 特别是从人类历史看,每一历史时期、每个国家社会财富的过度集中,最后都诱发了大规模的社会冲突和政治动荡,从而也打断了经济增长的进程。为此,通过适当的公共

---

① 渠敬东:《坚持结构分析和机制分析相结合的学科视角,处理现代中国社会转型中的大问题》,《社会学研究》2007 年第 2 期。

② 渠敬东:《坚持结构分析和机制分析相结合的学科视角,处理现代中国社会转型中的大问题》,《社会学研究》2007 年第 2 期。

③ 李培林:《另一只看不见的手:社会结构转型》,《中国社会科学》1992 年第 5 期。

治理举措，对社会资源和机会配置进行必要的干预，纠正经济发展中出现的市场失灵和社会结构扭曲，是现代国家治理中不可或缺的重要内容。我国的社会结构调整，既有对前期社会结构调整不到位的"补课"性质，更是面向2035年初步实现现代化、2050年实现现代化的必然要求。

（一）根据国家发展进程，科学合理地确定短、中、长期社会结构调整目标，有步骤、分阶段地予以推进

"用中长期规划指导经济社会发展，是我们党治国理政的一种重要方式。"① 我们已经如期全面建成小康社会，实现第一个百年奋斗目标，正开启全面建设社会主义现代化国家新征程，向第二个百年奋斗目标进军。2020年10月，中国共产党召开十九届五中全会，研究关于制定国民经济和社会发展第十四个五年规划和二〇三五年远景目标的建议。会议重申了实现第二个百年奋斗目标分两个阶段的战略安排，明确了到2035年我国经济社会发展目标：基本实现社会主义现代化。经济实力、科技实力、综合国力将大幅跃升，经济总量和城乡居民人均收入将再迈上新的大台阶，关键核心技术实现重大突破，进入创新型国家前列。基本实现新型工业化、信息化、城镇化、农业现代化，建成现代化经济体系。

---

① 《习近平：在经济社会领域专家座谈会上的讲话》，新华网，2020年8月25日，http://www.xinhuanet.com/politics/2020-08/24/c_1126407772.htm。

基本实现国家治理体系和治理能力现代化，人民平等参与、平等发展权利得到充分保障，基本建成法治国家、法治政府、法治社会。建成文化强国、教育强国、人才强国、体育强国、健康中国，国民素质和社会文明程度达到新高度，国家文化软实力显著增强。广泛形成绿色生产生活方式，碳排放达峰后稳中有降，生态环境根本好转，美丽中国建设目标基本实现。形成对外开放新格局，参与国际经济合作和竞争新优势明显增强。人均国内生产总值达到中等发达国家水平，中等收入群体显著扩大，基本公共服务实现均等化，城乡区域发展差距和居民生活水平差距显著缩小。平安中国建设达到更高水平，基本实现国防和军队现代化。人民生活更加美好，人的全面发展、全体人民共同富裕取得更为明显的实质性进展。

上述要求中，其中非常明确地提出了一些社会发展的目标。考虑到我国社会结构调整相对滞后、社会建设还有较大空间，应当在这个规划基础上，对社会结构调整优化进行综合研究和政策支持。"由于社会结构调整是项系统性、普遍性的重大任务，因此调整不是一朝一夕所能完成的，需要分阶段、有计划地推进。"[①] 为此，应当对与我国现代化相关联的国家中长期社会发展战略做出总体性安排，合理设定与经

---

① 陆学艺主编《当代中国社会结构》，社会科学文献出版社，2010，第45页。

济发展相适应的社会发展、社会进步指标。基于这样的看法，我们提出如下政策目标建议（见表4-2）。

表4-2 未来我国社会结构调整政策目标建议

社会结构	主要指标（目标）	2025年目标	2035年目标	2050年目标
人口结构	人口自然增长率	初步遏制人口增长率过快下降势头	根据人口增长率变化调整对外国移民的开放度	
	受教育年限	平均受教育年限达到15年	普及12年义务教育	实现教育基本免费
家庭结构	养老功能	家庭养老>90%	家庭养老>90%	家庭养老>90%
就业和职业结构	一产从业人员比重	<20%	<15%	<10%
城乡结构	常住人口城镇化率	>65%	>70%	>80%
区域结构	基础设施均等化	基本实现	全面实现	高水平实现
	基本公共服务均等化	教育、养老领域实现	基本实现	全面实现
社会的组织结构	社区治理	社区治理体制更加成熟定型，社区治理更为精准全面	社区治理法治化、科学化、精细化水平和组织化程度达到较高水平	
	万人均社会组织数量	10个	20个	30个
收入和财富分配结构	城乡、区域、阶层收入差别	三大收入差距得到根本控制	基本消除城乡收入差距，实现城乡一体化	消除两极分化，实现共同富裕

续表

社会结构	主要指标（目标）	2025年目标	2035年目标	2050年目标
消费结构	生活性消费	全面普及	高水平	高水平
	发展性消费	逐步扩大	全面普及	全面普及
	消遣性消费	少数人群	逐步扩大	全面普及
社会阶层结构	中产阶层占比	≥35%	≥50%	≥60%
网络社会结构	互联网的社会渗透率	初步建成数字社会	全面建成数字社会	建成高水平数字社会

资料来源：龚维斌、张林江等《当代中国社会结构（2010～2020）》，社会科学文献出版社，2021，第34页。

其一，遏制人口自然增长率下降势头，实施积极应对人口老龄化战略，科学应对人口老龄化。同时，要通过提高受教育年限、打造终身学习社会等方式着力提高人口素质。其二，补齐我国社会政策中家庭政策的短板，加快形成完善的家庭社会政策，并确保家庭生育、养老等功能不会被进一步弱化。其三，继续有序转出农业劳动人口，在保障国家粮食安全的同时，提高农业劳动生产回报。其四，继续实施新型城镇化战略，提高城镇化质量，保证常住人口城镇化率到2035年达到70%以上，多措并举提高户籍人口城市化率。其五，抓住时机继续用好扩大投资政策，进一步提高全国基础设施的均等化和互联互通程度，分领域、分地区逐步实现基本公共服务均等化。其六，继续推进社会团结和社会整合。将社区打造成社会组织、社会动员的基础平台，提高基层治理现代化水平。进一步放宽和规范社会组织登记和管理，形成社会共治的多元化局面。其七，下大力气解决收入分配差距扩大问题，扎实推进全体人民共同富裕进程。2035年基本消除城乡收入差距，2050年消除两极分化，建成富裕社会。积极推进浙江高质量发展共同富裕示范区建设，尽快形成一些可复制、可推广的经验向其他地区推广扩散。其八，结合畅通国民经济循环和供给侧结构性改革，扩大消费总量，改善消费结构，不断释放内需潜力，增强消费对经济的拉动作用，让更多社会成员分享改革开放的红利。其九，以扩大中等收入群体为重点，加快实现社会结构向橄榄形的理想结构转变，到2035年实现中产阶层占人口50%以上。其十，提高互联网的社会渗透率。充分利用我国市场大、技术新等方面的优势，抓抢数字社会建设机遇，全面加快数字社会建设。同时，在实现互联网等高新科技带动的"第四次工业革命"同时，有效防范化解互联网治理和科技发展带来的社会风险。

（二）全面推进社会体制改革，加快形成与新时代相适应的社会政策体系

社会体制改革是我国全面深化改革的重要内容。党的十八大特别是十八届三中全会以来，我们以简政放权为突破口不断理顺政府与社会、与市场关系，以民生为重点着力调整社会利益关系，以理顺体制机制为核心加强和创新基层治

理、加大培育和规范社会组织力度，以防范和化解社会风险为重心构建共建共治共享的公共安全体系。总体来看，社会体制改革取得了前所未有的进展，社会领域制度优势转化成治理效能，促进了民生福祉和社会稳定。但是，也要看到，随着情况出现新变化，社会领域一些深层次的问题和矛盾日益显现，改革仍然处于深水区。一方面，强政府—强市场—弱社会的格局并未得到根本改变，政社关系重构、利益关系调整面临不少难题。这不但滞后于经济体制改革，出现了"拖后腿"现象，实际生活中，也出现了"改而不动、明改暗不改"甚至"走回头路"的现象。另一方面，长期以来，我们在指导思想和实际工作中存在"重经济、轻社会""过度强调社会秩序、害怕社会活力迸发"的取向，社会政策体系相对落后，而且存在部分社会政策欠缺、用经济政策代替社会政策、公共政策碎片化等现象。特别要看到，经济发展面临的新情况新问题有向社会领域传导的迹象，给社会体制改革带来较大压力。

为此，应当按照坚持和完善中国特色社会主义制度、推进国家治理体系和治理能力现代化的总要求，树立"大社会""大治理"的系统思维，紧密结合、配合经济体制、政治体制等领域的改革，不断在社会体制关键性、基础性重大改革上突破创新，加快形成与时代发展相适应的社会政策体系，持续提高民生保障水平，优化社会治理方式。

面向"十四五"末、2035年、2050年三个时间节点，社会体制改革和社会结构调整的重心应当是,以利益调整推进"公正型社会"建设,以管理服务精细化推进"品质型社会"建设,以向社会放权赋权推进"共治型社会"建设,以信息化推进"智慧型社会"建设。[1] 2020年5月,中共中央、国务院印发了《关于新时代加快完善社会主义市场经济体制的意见》,对经济体制改革做出了新的全面部署,增强了全社会市场化改革的信心,回应了国际社会在世界进入动荡变革期、新冠肺炎疫情全球大流行加速百年未有大变局背景下中国动向的关切。建议中央近两年就社会体制改革和社会建设问题进行专题研究,适时制定出台"关于新时代加快推进社会体制改革的指导意见",以更大的改革力度推进社会现代化进程,推动形成与经济结构相适应的社会结构。同时,建议增设中央社会建设委员会,将"中央经济工作会议"调整为"中央经济社会工作会议",更好地强化和统筹经济与社会协调发展的顶层设计。[2]

(三)以调整经济资源配置为重点,更加重视组织资源、文化资源的配置和社会机会的公平性

在马克思主义社会学的分析框架中,经济基础具有决定

---

[1] 龚维斌、张林江:《"四型"社会建设:未来社会发展的思路与对策——疫情"大考"之后的社会建设路径》,《行政管理改革》2020年第5期。

[2] 龚维斌、张林江、马福云:《2019~2020年中国社会体制改革分析及未来展望》,载龚维斌主编《中国社会体制改革报告No.8(2020)》,社会科学文献出版社,2020,第11页。

性的意义。下一阶段我国社会结构的调整，仍然要高度重视经济资源配置。我国社会主要矛盾已经转化为人民日益增长的美好生活需要和不平衡不充分的发展之间的矛盾，这既是一个经济发展问题的判断，也是一个社会发展问题的判断。而与社会结构息息相关的社会事业、反贫困、教育事业、健康事业产业、扩大中间阶层、促进就业创业、调整收入分配等命题，在很大程度都是经济资源的配置问题。从现实生活来看，与财富直接关联的利益分配一直是人类社会最为关心关注的问题。近期经济资源的配置，要从如下方面着手：一要在产业结构升级中稳定就业总体形势，实现更高质量就业，延续职业趋高级化态势。这既是当前应对国内外各种压力、实现稳民生的首要目标，也是应对劳动力市场"机器替代工人"的长期趋势、避免大规模失业的根本要求，更是优化就业与职业结构、收入分配结构、阶层结构的必然要求。二要加快推进基本公共服务均等化进程。要尽快补齐基本公共服务规模不足、质量不高、发展不平衡等方面的短板，稳步提高城乡、区域间资源配置均衡水平，不断提升公共服务的硬件、软件水平，吸引更多社会力量参与基本公共服务。基本公共服务均等化水平提高了，城乡结构、区域结构调整就有了基础；教育、养老、医疗等方面的后顾之忧解决了，消费潜力才能充分释放，消费结构才能有效改善。三要持续优化收入分配格局，有效解决财富两极分化问题。人类社会的历史已经反复证明，完全依靠市场和社会是无法实现收入和财富的库兹涅茨"倒 U"形曲线的。目前,初次分配中,与资本、土地、管理、数据等生产要素关联性强的行业、产业、从业人员收入偏高,而劳动、知识、技术等生产要素回报偏低。应当建立知识导向型、特殊奉献型的薪酬体系,普遍性提高教师、医护、军人、警察、应急救援人员、科研人员等职业收入水平,促使他们成为中上收入群体,成为体面、社会向往的职业群体。要进一步健全二次、三次分配调节机制。通过税收、社会保障、转移支付、公益慈善等措施有效缩小收入分配差距。特别要重视脱贫人员、困难群众的救助帮扶。要在提高全社会生活水平基准线同时整体抬升我国的民生福利水平,凸显社会主义的制度优势。

把组织资源和文化资源配置放到和经济资源配置同等重要的位置上来。与经济资源一样,组织资源、文化资源也是非常重要的社会资源。而且对特定群体、特定阶层、特定社会成员来说,其重要性可能并不亚于经济资源。这是我们的社会政策长期忽视的,也影响了我们的社会结构调整进程。比如,我们长期不重视中产阶层的社会属性,而单纯强调其经济特征,将中产等同于中等收入群体。"我们需要摆脱单纯经济学和经济治理的应对模式,而从社会学和社会治理角度更加全面地认识'中等收入群体'。其中的要害,是绝不能把'中等收入群体'只看成一个收入分配问题,只看成一种经济现象。要认识到'中等收入群体'成长为一个兼有社会地位和集体意识的'中产阶层'的必然性……跨越中等收入陷阱,着力点不在经济上，而在社会治理上。光做大做强'中等收入群体'是不够的，还要通过社会治理，将有实力、有能量、有期望的'中等收入群体'，变成有权利、有体面的'中产阶层'，最后他们才能成为有担当、有作为、有创意的'中坚力量'，达到中产阶层所应起到的社会作用。"① 其中的关键，是要将与权力（利）相关联的组织资源和与精神状态以及认知相关联的文化资源同样作为社会资源的重要组成部分，一体作为全社会资源配置的重要内容。举个通俗的例子来讲，中低位阶公务员、普通大学教师的收入水平可能与社会平均工资相差并不大，但由于他们支配或拥有较多的公共权力、文化资源，因而无论从其社会资源占有的质来说，还是从因之获得的社会地位来说，可能并不低于甚至还要高于企业内收入水平相当的劳动者。

为此，我国的社会结构的调整，要将组织资源和文化资源两个重要的变量引入进来，改变单纯重视经济资源的传统思路。具体来说，要进一步向基层、向民间社会、向社会组织赋权让权，从而增加他们的组织资源，调动他们参与国家治理的积极性和主动性。通过制度化渠道包容社会成员和相关群体的合理诉求和社会行动，给予他们参与政治生活和社会治理的公共空间。同时，重视文化、教育等相关公共资源配置的公平性，增强中层和低层文化资源的可获得性，帮助

---

① 《冯仕政：解决中等收入陷阱，着力点不在经济在社会治理上》，新京报网，2020年9月2日，http://www.bjnews.com.cn/feature/2020/09/02/764975.html。

他们实现文化资源质和量的提升。一定程度上，这也是增强发展的制度吸纳弹性、激发社会活力、保证社会中低层持续获得向上阶梯、增加向上流动动力的最重要手段。只有这样，才能在促进社会结构优化的同时，通过活化社会垂直流动机制保持社会处于稳定状态。

机会公平是促进社会结构优化的关键环节。在社会发展的某一时点，经济资源、组织资源、文化资源三类社会资源的总量总是相对有限的。为此，如何实现社会机会的公平公正，从而保证社会资源的配置得到绝大多数社会成员的认可，避免因机会不平等而出现大规模的社会冲突是现代国家必须小心处理的问题。特别是当某些群体或社会成员因先赋性因素，如出身（民族、种族、阶级阶层等）、出生地、家庭、社会关系、性别等因素而出现机会不平等导致的发展不平等时，社会的对立和冲突将极大增加。从世界范围看，基于个人能力和公平竞争导致的效率和收入差距有可能成为社会争议的焦点，但真正引起人们不满、加剧社会失衡的根源却往往在于人们参与竞争的机会不平等以及竞争过程的不平等。因之，鼓励个人通过努力、创新和主动性，而不是依仗家庭背景、种族、性别等达致个人的成功和社会的认可，应当是现代社会的主流价值取向。首先，要大力加强教育的普遍获得性和公平性。要真正按照终身学习原则给每个社会成员提供基础教育、职业教育和提升教育，通过教师流动、合作办学、教育资源均衡配置等多种方式，保证教育的区域、城乡、校际公平性，逐步削平教育的差别。其次，要给予每个社会成员公平的就业和参与社会生活的权利。要拆掉各种有形的个人发展门槛和无形的"旋转门"，鼓励每个人依靠个人努力实现人生的精彩。再次，要限期消除户籍制度附加的不平等权利。户籍制度及其之上附加的公共服务和社会福利差异，虽然有一定的历史合理性，但新中国成立70多年、改革开放40多年后，这种不合理的制度设计应当废除，而代之以更加公平公正的公共权利制度。最后，要用法治思维、法治手段控制人情、"关系"等非正常因素，以防破坏社会公平。我国有长期的人伦道德传统，亲属、同乡、同学、战友、熟人等人情、"关系"经常穿透制度刚性和结构规定性，造成发展机会不平等。在建设法治国家、法治社会过程中应当强化制度设计、制度执行和制度监督，减少不合理的影响因素，为公平社会建设提供法治保障。

（四）继续挖掘工业化、城市化等社会经济结构调整的传统动能，积极储备和充分利用促进结构优化的新动能

相较经济结构的调整，社会结构的优化是一个更加缓慢和长期的过程，不可能一蹴而就。但我们可以创造和改善社会结构优化的条件，促使其朝着"理想型"转化。为此，科学认知并用好用足各种动能就显得尤为重要。首先，工业化、城市化仍然是当前和今后一个阶段我国经济发展和社会

结构调整的主要动力。我国已经进入工业化后期，形成了强大而完善的工业体系。与西方某些国家一样，也部分出现了后工业化的经济社会现象。幸运的是，以智能制造为核心的"第四次工业革命"正在到来，人工智能、大数据和物联网的广泛运用正处于"奇点"即将爆发的时刻。未来工业形态是利用信息化技术促进产业变革、实现工业生产数字化，已经成为世界各国的共识。当前，我们在绝大多数领域处于紧密跟跑、并跑状态，少数领域已经实现领跑。这对于我国人口素质提升、就业和职业结构改变提出了新的方向和要求。城镇化也仍将为我国经济社会发展提供动能。即使从常住人口城市化来看，未来10年，我国仍将有1亿多人口从农村进入城市，而已经进入城市尚未取得城市户籍或者尚未公平获得城市基本公共服务的2亿人口，都是拉动消费、跃迁为中产的重要后备军。

其次，市场化、经济全球化可能以一种新的形态，成为影响我国经济社会发展的要素。我国商品市场化程度已经很高，但要素市场发育还不充分。下一阶段，如果我国的资本、劳动力、土地、数据等要素的流动能够更加灵敏高效，则能够直接作用于生产函数，实现更快的经济增长。各生产要素的市场地位差异，必然会导致利益回报分化，最可能的结果是收入和财富的进一步集聚。如果不利用政府"看得见的手"加以调节，收入分配结构将可能进一步极化。受国际环境影响，经济全球化在局部受阻。但"西方不亮东方亮"，2020～2021年在全球疫情影响下中国的出口出现不降反升现象。总体看，世界进入动荡变革期，未来国际经济形势扑朔迷离，这给我国的区域结构、就业和职业结构带来不确定性。我们要采取积极措施，化被动为主动，在提高自身经济安全和供应链安全的同时，高举全球化大旗，以更加开放的姿态和行动融入全球经济大循环中，同时不断提高国内循环的强度和韧性。

再次，科技进步和信息化仍然是我国经济社会发展的长期利好因素，必须牢牢抓住以改革生产关系提升生产力的制度变革。习近平总书记指出："实现高质量发展，必须实现依靠创新驱动的内涵型增长。我们更要大力提升自主创新能力，尽快突破关键核心技术。这是关系我国发展全局的重大问题，也是形成以国内大循环为主体的关键。"[1] 同时，改革开放是决定当代中国命运的关键选择，是党和人民事业大踏步赶上时代的重要法宝。改革是解放和发展社会生产力的关键，是推动国家发展的根本动力。调节社会关系和社会活动的体制机制随之不断完善，才能不断适应解放和发展社会生产力的要求。在人类史上，很少有像我们这样的国家，将全面深化改革作为治国理政的核心战略。改革开放特别是党的十八大以来，大量的制度创新帮助我们不断释放生产力，不断调整生产关系，从而打破旧的利益格局，形成新的有利于发展的局面，实现经济增长和社会进步。科技进步和信息

---

[1] 《习近平在经济社会领域专家座谈会上的讲话》，中国政府网，2020年8月25日，http://www.gov.cn/xinwen/2020-08/25/content_5537101.htm。

化、制度与公共政策改进,应当是面向2035年、2050年我们最能确定的因素,是我们的优势和潜力所在,对于我国的经济高质量发展和社会结构优化起着牵头作用。

最后,社会行动和个体行为、社会观念和文化形态作为破解社会结构的重要变量,与我国社会结构仍将呈现互相碰撞、互相调适的作用。提高社会的组织性和制度的包容性,就能有效将社会行动和个体行为纳入国家治理轨道,从而避免其变成破坏性的力量。社会观念和文化形态的演变,是一个复杂的生成、传播、接受和普遍认同过程。而且它与国家力量强度呈正相关关系。我们应当在增强文化自信的同时,促进全社会形成与时代发展相匹配的现代国民观念,同时提高我们的文化生产、转换和说服能力,讲好中国故事。

(五)推出一批民生、民心工程和项目,以更加精准的方式促进社会结构的优化升级

近年来,为促进经济发展和结构改善,我国在传统基础设施建设之外,开始大力推进"新基建"。[①] 在今后相当长时

[①] 2018年12月召开的中央经济工作会议提出,加强人工智能、工业互联网、物联网等新型基础设施建设。此后,中央文件中多次出现新型基础设施建设的有关表述。2020年4月20日,国家发展和改革委员会创新和高技术发展司司长伍浩在国家发展和改革委员会新闻发布会上表示,新基建包括信息基础设施、融合基础设施和创新基础设施三方面。目前,一般认为新基建主要包括5G基站建设、特高压、城际高速铁路和城市轨道交通、新能源汽车充电桩、大数据中心、人工智能、工业互联网七大领域,涉及诸多产业链。

期，做大蛋糕仍然是第一位重要的工作，社会进步要服从服务于这个总目标，同时，通过切实举措分好蛋糕，促进社会结构的优化。建议通过推出一批以民生工程和项目为主的"新社建"，推动经济发展与社会发展更加良好的互动互助，从而有效促进社会事业发展、民生福祉提升和社会结构优化。

一是开展教育高质量发展行动。要着眼于为经济发展提供更具竞争力的人力资源、为社会进步提供更高素质的社会成员，在社会领域内率先实现教育现代化。确保国家教育投入，建议到"十四五"末国家财政性教育经费占国内生产总值的比例达到5％，到2035年达到7％，到2050年达到10％。加大教育体制机制改革力度，向学校、教师、学生、社会放权让权，解决管得过多过细过死问题。提高教师薪酬待遇，调动教育从业者的积极性和创造性。大力发展职业教育和民办教育，增加教育领域活力。着力改进考试招生制度，促进教育公平，真正实现教育管办评分离。

二是根据健康中国战略实施全民健康工程。加快卫生健康领域改革，形成医疗、医保、医药之间的"三医联动"格局，根治看病难、看病贵问题。在完善医保体系同时，逐渐扭转"重视已病不重视未病"现象，将更多的资源用于体育、保健、日常护理等方面。建议"十四五"末实现全民年度免费体检，2035年基本实现免费医疗。增强公立医院财力保障促进其回归公益属性，给予医生稳定和体面的薪酬，加快全科医生、儿科医生和妇科医生培养。要通过机制创新，促进优质医疗资源合理流动,解决基层医疗机构和大医院的人、财、物配置不合理的问题。构筑强大的公共卫生体系,完善疾病预防控制体系,建设平战结合的重大疫情防控救治体系。深入开展爱国卫生运动,普及卫生健康知识,促进全体居民形成良好的生活习惯和健康保护。

三是实施跨过"中等收入陷阱"攻坚工程。国际社会曾出现"中等收入陷阱"问题。中国需要解决的是双重中等收入陷阱问题:其一是从一个发展中经济体跨越中等收入发展阶段,进入高收入经济体行列;其二是有效防止社会两极分化,中等收入群体的规模和比例持续扩大,建成一个中等收入群体占主体的橄榄形社会。[①] 前者要坚持以供给侧结构性改革为主线,坚持深化改革开放,牢牢把握扩大内需这个战略基点,不断激发市场主体活力。并切实采取措施,防止出现经济增长回落、贫富分化过大、金融体系崩溃、腐败多发、就业困难等经济社会危机。后者则需要从经济资源、组织资源、文化资源和机会配置多维度出发,通过精准施策促进中产阶层由当前的4亿人左右,增加到8亿人左右。到2035年前建成知识导向型的收入分配格局,引导社会成员更多地进入中产阶层队伍中来。要适应开放社会空间需求,在大力发展社会组织同时帮助社会成员增加组织资源。把农民

---

① 李培林:《中国跨越双重"中等收入陷阱"的路径选择》,载李培林、〔俄〕戈尔什科夫等《中国和俄罗斯的中等收入群体:影响和趋势》,社会科学文献出版社,2018,第3页。

工作为中等收入群体后备主力，提升他们的人力资源水平，提高劳动在初次分配中的占比，促使他们群体性地通过收入增长和政策扶持（将公共住房等政策向他们倾斜，解决好他们的子女上学、医疗支出等难题）跨入中等收入群体行列。对于农业基础条件较好的地区，通过规模化经营、机械化耕作、农产品保价等方式提高农民收入水平。要做好大学毕业生、复转军人的就业工作。

四是开展收入和消费双倍增工程。我们曾经于2012年党的十八大提出"2020年实现国内生产总值和城乡居民人均收入比2010年翻一番"，极大地提振了全体人民的信心。在新的历史条件下，虽然经济增长速度不像以往那么强劲，但我们应当继续以民生福祉提升为根本，提出到2035年实现人均收入比2020年翻一番的目标。消费和生产互为因果。为了提振经济、促进国内经济大循环，应当想办法把被抑制、被冻结的消费释放出来，同时根据时代特点培育壮大新型消费、升级消费。总体看，收入较低群众的消费不足只能通过发展经济逐渐解决，而今后对于他们的各类政策性帮扶应当主要采用消费券、实物等方式。居民家庭消费都有边际消费倾向递减现象，对于中高收入和财富群体来说，他们已经基本消费饱和，提升空间很小。一般来说，中产或类中产阶层消费的爆发是大众消费的前提。要解决这个问题，还需将重心放到消费弹性较大的中等收入群体。其一要解决好"有胆量消费"的问题。我国尚未迎来大众消费时代，很大原因是公共服务和社会保障不足，中产阶层不敢、不愿消费，而希望加强储蓄以备不时之需。要通过提升公共服务能力和社会保障水平，让中产阶层增加对未来的良好预期，提高其即期消费的动能。其二要解决好"有时间消费"的问题。多数中产阶层都是工作的骨干，所以时间紧缺是现代中产阶层的普遍特征。而服务型消费（如旅游、健身、艺术欣赏、文化、休闲、娱乐等）的典型特征是需要消费者投入时间。为此要逐步树立生产与消费并重的社会氛围，研究完善我国的生产和假期制度（有些地方已经开始试行四天半工作日，全国高速公路实行假期免费，这些政策的社会效益都非常好），并通过税收抵扣等方式鼓励适当适度的消费行动。其三要建构与我国中产阶层相适应的生活与消费方式。消费既是经济活动，也是社会活动。凡勃伦讲的炫耀性消费表明不同的社会阶层或群体的消费会受一些特殊的社会规则的支配。[1] 从全球范围看，中产阶层占主体人群的国家，中产阶层的生活态度、生活品位、消费内容甚至着装打扮、购物环境、家具陈设、日常用品等都具有明显的标志。多数刚刚经历过物质匮乏时代或者有相关记忆的中国人，虽然已经初步获得了物质上的富裕，但"将就"而不"讲究"的生活方式及消费习惯烙印还未能去除。为此，形成既非西方消费主义又有别于我

---

[1] 〔美〕索尔斯坦·邦德·凡勃伦：《有闲阶级论》，李风华译，中国人民大学出版社，2017。

国传统过度强调节俭的中产阶层消费文化，应当通过文化塑造、宣传和引领来实现。其四要开展以市场为主体、政府引导的各类消费促进活动。各地应当根据财力情况，启动家电更新、电脑和手机普及、旅游休闲免费或补贴费用、锻炼身体消费券、节假日经济等促进消费活动。

五是开展乡村发展系列折子工程。乡村振兴是个复杂的系统工程，近年来也取得了很大成效。但对多数地区来说，人员外流、公共基础设施保护保养困难、公共服务落后的整体状况并未根本转变。考虑到未来我国仍将有3亿以上群众住在农村，建议将乡村全面振兴的相关内容进行适当拆分，以更具有针对性和可操作性。其一是对广大的农村地区未来发展可能进行以乡（镇）、村为基础的评估和规划，然后根据实际情况做到一乡（镇）一策、一村一策。这是精准脱贫的重要经验，应当充分借鉴吸纳。其二是对于农村人口集中、发展条件较好地区进一步增加财政投入，包括加强农村基础设施建设，发展以农村养老为重点的社会事业，提高涉农补贴补助标准。避免撒胡椒面，确保三农投入产生实际社会效益。其三是加快建立健全城乡融合发展体制机制，形成面向未来的"三农"政策体系，促进各类人才和生产要素下乡。切实贯彻执行中共中央办公厅、国务院办公厅印发的《关于调整完善土地出让收入使用范围优先支持乡村振兴的意见》，稳步提高土地出让收入用于农业农村比例。到"十四五"期末，以省（自治区、直辖市）为单位核算，土地出让收益用于农业农村比例达到50%以上。其四是继续加强农业科技应用，推进控肥、控药、控水等技术研发，带动农作物生产向绿色高效型转变，动物生产向生态健康、清洁生产型转变。

六是开展数字经济、数字社会建设工程。牢牢抓住5G风口，利用现代信息技术推动数字经济发展，促进互联网进一步深度嵌入社会民生、政府管理、艺术文化、生态建设的各个方面，不断丰富移动支付、智慧出行、智能工厂、智慧城市、互联网医院、远程教学等应用场景，不断完善线上线下相结合、经济社会互动的发展格局。继续加大数字基础设施建设力度，推动公共数据开放和数据互联互通，完善数据交易市场机制和监管体系，不断引入社会力量，强化基础研发和标准制定，参与国际网络空间治理。加快推进数字化社会信用体系建设。防范数字鸿沟，提高全社会信息应用的广度与深度，力争实现"互联网一个都不能少"。

（六）在促进社会结构优化的过程中，做好社会关系调节，积极化解社会危机，防范颠覆性社会风险

社会结构变化的过程就是社会转型的过程。"全球化和中国的快速转型，使不同发展阶段的经济、社会和文化压缩在同一个时空场景中。经济方面前工业化的、工业化的和后工业化的发展区域同在，社会方面前现代的、现代的和后现代的现象并存，文化艺术方面现实主义的、批判现实主义的

和超现实主义的作品杂陈。与此同时，市场化的过程也带来价值观转变的冲击，不同的地域人群、不同的社会阶层和不同的年龄段人口，在一些社会的重要价值认同方面，都出现了较大的差异。"① 这个时期旧的利益格局被打破，经济资源、组织资源、文化资源等处于重新配置过程之中，社会成员也处于群体分化和再组织之中，各种思想交流交织交锋，旧的制度被革新而新的社会秩序尚未完全建立，所以，也是社会矛盾和社会问题集中出现的高发期，甚至可能成为社会的动荡期。托克维尔的《旧制度与大革命》就生动地描绘了这一点②。而以拉美为代表的部分国家在20世纪70年代经历快速经济增长和社会转型后陷入"中等收入陷阱"、社会和政治生活出现动荡，也是著名的例子。我国的社会转型尚未完成，社会结构调整尚未到位，必须采取切实措施避免发展的进程被打断、社会转型的步伐被延宕。

一是在培育中产阶层、实现社会资源和机会均衡配置的同时，下大力气调整好现代社会最为重要的官民、贫富、劳资三大关系。一方面，全面从严治党和反腐倡廉的大力推进，极大地改善了党群、干群关系，总体看我国广大人民群众对干部是信任和尊敬的。但我国是个有长期"官本位"意识的国家，官僚习气和腐败现象高发。要坚持反腐败无禁

---

① 李培林：《东方现代化与中国经验》，《社会理论》2007年第1期。
② 〔法〕托克维尔：《旧制度与大革命》，冯棠译，商务印书馆，1992。

区、全覆盖、零容忍,坚持重遏制、强高压、长震慑,保持惩治腐败高压态势,一体推进不敢腐、不能腐、不想腐,不断推动党风廉政建设和反腐败斗争向纵深发展。转变干部作风,增强干部的责任意识、服务意识和效率意识,建立干部下基层、到一线、密切联系群众的长效机制。另一方面,要加强对干部的关爱。近年各级干部尤其是基层干部工作非常饱满,"5+2、白+黑、雨+晴"普及化,问责、督查、巡视、审计常态化日常化,甚至有时不考虑具体情况、不近人情、不合常理,导致部分干部畏手畏尾、不敢创新、不愿担责,"多一事不如少一事""当太平官"的官场风气盛行。为了保护干部干事创业的积极性和创造性,要改变问责过度、"将军多战士少"的状况,不能苛求干部承担无限责任,从而真正形成干部主动作为、积极担当的良好氛围。建立和谐的劳动关系是构建和谐社会的基础。我们有全世界最庞大的劳动者队伍和企业家队伍,加之受到经济增长速度放缓、产业结构调整升级、科技创新进步、社会变迁加快等多重因素影响,劳动力市场的供求关系、就业状况变化很快,劳动关系的主体及其利益诉求越来越多元化,构建和谐劳动关系的任务艰巨繁重。要坚持政府主导下的劳资双方平等协商制度,在法治的轨道上解决薪酬、福利、劳动保护、社会保障等利益矛盾,防止极端的劳资对立冲突和群体性事件。要依法保障职工基本权益,健全劳动关系协调机制,加强企业民主管理制度建设,完善劳动关系矛盾调处机制,在就业、职业结构优化过程中营造构建和谐劳动关系的良好环境，实现劳动用工更加规范，职工工资合理增长，劳动条件不断改善，职工安全健康得到切实保障，社会保险全面覆盖，人文关怀日益加强。

二是在社会转型过程中防范民粹主义情绪上升，防止社会撕裂和颠覆性社会风险。社会资源的再配置和社会结构的调整，是一个痛苦的过程。特别是长期的社会不平等，很容易转化成社会对立甚至仇恨。从世界范围看，"在全球化和自由化时代，世界在享受高度经济增长的同时，也在承受着经济成果分配不平等的苦痛。'占领华尔街运动，以及发生在英国、法国、日本、泰国、埃及、利比亚等国家的反政府示威活动，反映出收入不平等已经成为一种国际现象：无论是穷国还是富国，社会主义国家还是资本主义国家，独裁国家或是民主政体，都不同程度地存在收入差距问题。其结果是，收入不平等问题不仅成为一国潜在发展的阻碍，而且对其社会和政治稳定构成了威胁"。① 能否通过适当的政策解决这个难题，从世界各国的实践来看并不理想，甚至有学者悲观而又激进地指出，"几千年来，文明社会并没有让自己适应和平的平等化过程"，因之，只有"四种不同类型的暴力冲击缓和了不平等：大规模战争、变革性的革命、国家衰败

---

① 薛进军：《不平等的增长：收入分配的国际比较》，社会科学文献出版社，2012，第1页。

和致命传染病"。① 美国经济学家库兹涅茨曾经乐观预测的随着经济增长、收入分配均等化程度会自动提升的"倒U"形曲线迟迟不到来,反而累积了许多社会风险。近年来,在许多国家和地区出现了民粹主义思潮和激进社会运动,其反建制、反主流、反精英、反智的趋向酝酿着极大的社会冲突和政治风暴,是社会危机的早期警告。② 同时,结构调整期出现的权力、财富、文化和发展机会的巨大差异,会在互联网时代信息传播速率加快和情绪叠加放大效应下,触发某些群体、某些社会成员敏感的神经,并由此可能上升到看法和认识的差别、立场和观点的争执、语言和行为的激化,社会撕裂的风险也因之大大升高。面对民粹主义思潮在全球的泛滥,我们要坚决予以摒弃和抵制。要通过建设公平公正的社会,实现社会资源和机会均衡化来彻底铲除民粹主义滋生的土壤。要通过主流价值观建设和宣传,引导人们合理、科学地看待社会转型期出现的种种问题,防范民粹主义思潮的输入和大规模传播,防止其与我国的国内矛盾同频共振而引发社会不稳定风险。

三是用共建共治共享理念推进社会整合和团结,提高全社会文明程度和实现民族复兴。首先,用共建共治共享理念

---

① 〔美〕沃尔特·沙伊德尔:《不平等社会》,颜鹏飞、李酣等译,中信出版集团,2019,第Ⅶ页。
② 〔美〕约翰·朱迪斯:《民粹主义大爆炸:经济大衰退如何改变美国和欧洲政治》,马霖译,中信出版集团,2018。

推进民生保障。调动政府、市场和社会各方力量,提升社会福祉水平。确保政府的基本民生支出只增不减,重点领域支出得到切实保障,到2050年力争实现全民免费教育、免费医疗、免费养老。构建服务全民终身学习的教育体系,实现更加充分、更高质量的就业,健全全覆盖、可持续的社保体系,强化公共卫生和疾控体系。用更加公平的公共服务促进全体社会成员社会资源的增加,为人民群众实现向上的社会流动提供基础保证。充分利用市场机制和社会力量,通过市场行为、政府购买服务、公益慈善机制等多样化方式提高民生保障的丰富性、针对性和可及性。其次,用共建共治共享理念推进社会治理。加强和创新基层社会治理,调动各方参与社会治理积极性,实现政府治理同社会调节、居民自治良性互动,建设人人有责、人人尽责、人人享有的社会治理共同体。将矛盾纠纷化解在基层,将和谐稳定创建在基层。不断增加社会韧性和反脆弱性,提高全社会抗击风险的能力。最后,用共建共治共享理念实现社会团结。结构调整是"动奶酪"的过程,资源差异会增加社会冲突风险。要更加注重维护社会公平正义,确保社会资源配置和机会分配的公正公平公开。要善于运用党组织、政府、群团组织、社会组织、单位、社区、家庭等多元化的社会整合平台和工具,使每个社会细胞都健康活跃,使每个社会成员都能得到发展机会和社会关爱,促进人的全面发展和社会全面进步。

参考文献

著作：

〔英〕安东尼·吉登斯、〔英〕菲利普·萨顿：《社会学》（第七版），赵旭东等译，北京大学出版社，2015。

〔英〕安东尼·吉登斯、〔英〕菲利普·萨顿：《社会学基本概念》（第二版），王修晓译，北京大学出版社，2019。

〔法〕安德烈·比尔基埃等主编《家庭史：现代化的冲击》，袁树仁等译，生活·读书·新知三联书店，1998。

〔美〕彼德·L. 伯格：《与社会学同游：人文主义的视角》，何道宽译，北京大学出版社，2014。

〔美〕彼得 N. 斯特恩斯：《世界历史上的消费主义》，邓超译，商务印书馆，2015。

〔波〕彼得·什托姆普卡：《社会变迁的社会学》，林聚任等译，北京大学出版社，2011。

边燕杰主编《市场转型与社会分层——美国社会学者分析中国》，生活·读书·新知三联书店，2002。

〔美〕布莱恩·贝利：《比较城镇化》，顾朝林等译，商务印书馆，2008。

〔美〕布莱克：《现代化的动力》，段小光译，四川人民出版社，1988。

〔美〕C. 莱特·米尔斯：《白领：美国的中产阶级》，周晓虹译，南京大学出版社，2016。

蔡昉、林毅夫：《中国经济》，中国财政经济出版社，2003。

迟福林主编《经济全球化变局：扩大中等收入群体大战略》，中国工人出版社，2018。

传化慈善基金会公益研究院"中国卡车司机调研课题组"：《中国卡车司机调查报告（No. 2）：他雇·卡嫂·组织化》，社会科学文献出版社，2018。

传化慈善基金会公益研究院"中国卡车司机调研课题组"：《中国卡车司机调查报告（No. 3）：物流商·装卸工·女性卡车司机》，社会科学文献出版社，2019。

〔美〕丹尼尔·贝尔：《后工业社会的来临——对社会预测的一项探索》，高铦、王宏周、魏章玲译，新华出版社，1997。

党俊武主编《中国城乡老年人生活状况调查报告（2018）》，社会科学文献出版社，2018。

〔美〕道格拉斯·C. 诺思：《经济史中的结构与变迁》，陈郁、罗华平译，上海三联书店、上海人民出版社，1994。

〔英〕戴维·李、〔英〕布赖恩·特纳主编《关于阶级的冲突——晚期工业主义不平等之辩论》，姜辉译，重庆出版社，2005。

《邓小平文选》第三卷，人民出版社，1993。

〔德〕斐迪南·滕尼斯:《共同体与社会:纯粹社会学的基本概念》,林荣远译,商务印书馆,1999。

冯仑:《野蛮生长》,广东人民出版社,2013。

〔日〕富永健一:《社会结构与社会变迁:现代化理论》,董兴华译,云南人民出版社,1988。

龚维斌、张林江等:《当代中国社会结构(2010~2020)》,社会科学文献出版社,2021。

高博燕主编《中国女性生活状况报告 No.12(2018)》,社会科学文献出版社,2018。

国家人口和计划生育委员会流动人口服务管理司编《中国流动人口发展报告2010》,中国人口出版社,2010。

国家卫生计生委家庭司编《中国家庭发展报告2016》,中国人口出版社,2016。

国务院研究室课题组:《中国农民工调研报告》,中国言实出版社,2006。

〔美〕哈罗德·R.克博:《社会分层与不平等:历史、比较、全球视角下的阶级冲突》,蒋超等译,上海人民出版社,2012。

何清涟:《现代化的陷阱——当代中国的经济社会问题》,今日中国出版社,1998。

胡建国等:《中国中产阶层社会政治态度研究》,社会科学文献出版社,2016。

〔美〕霍利斯·钱纳里、〔美〕谢尔曼·鲁宾逊、〔美〕

摩西·赛尔奎因：《工业化和经济增长的比较研究》，吴奇、王松宝等译，格致出版社，2015。

〔英〕迈克·费瑟斯通：《消费文化与后现代主义》，刘精明译，译林出版社，2000。

黄奇帆：《结构性改革——中国经济的问题与对策》，中信出版社，2020。

〔英〕杰西·洛佩兹、〔英〕约翰·斯科特：《社会结构》，允春喜译，吉林人民出版社，2007。

〔英〕卡尔·波兰尼：《大转型：我们时代的政治与经济起源》，冯钢、刘阳译，浙江人民出版社，2007。

〔德〕克劳斯·施瓦布：《第四次工业革命》，世界经济论坛北京代表处、李菁译，中信出版集团，2016。

〔法〕雷蒙·阿隆：《知识分子的鸦片》，吕一民、顾杭译，译林出版社，2012。

李春玲、吕鹏：《社会分层理论》，中国社会科学出版社，2008。

李路路：《再生产的延续：制度转型与城市社会分层结构》，中国人民大学出版社，2003。

李培林、李强、孙立平等：《中国社会分层》，社会科学文献出版社，2004。

李培林、李强、马戎主编《社会学与中国社会》，社会科学文献出版社，2008。

李培林、〔俄〕戈尔什科夫等：《中国和俄罗斯的中等收入收入群体：影响和趋势》，社会科学文献出版社，2018。

李培林：《社会学与中国社会巨变》，社会科学文献出版社，2020。

李强：《社会分层十讲》，社会科学文献出版社，2008。

林毅夫、蔡昉、李周：《中国的奇迹：发展战略与经济改革》，上海人民出版社，1999。

刘韧、张永捷：《知识英雄：影响中关村的50个人》，中国社会科学出版社，1998。

刘少杰：《网络社会的结构变迁与演化趋势》，中国人民大学出版社，2019。

陆学艺：《"三农论"——当代中国农业农村农民研究》，社会科学文献出版社，2002。

陆学艺：《"三农"新论：当前中国农业、农村、农民研究》，社会科学文献出版社，2005。

陆学艺主编《当代中国社会阶层研究报告》，社会科学文献出版社，2002。

陆学艺主编《当代中国社会流动》，社会科学文献出版社，2004。

陆学艺主编《当代中国社会结构》，社会科学文献出版社，2010。

陆学艺主编《当代中国社会建设》，社会科学文献出版社，2013。

陆学艺：《"三农"续论：当代中国农业、农村、农民问题研究》，重庆出版社，2013。

罗荣渠：《现代化新论——世界与中国的现代化进程》，商务印书馆，2004。

〔美〕罗伯特·帕特南：《独自打保龄：美国社区的衰落与复兴》，刘波等译，北京大学出版社，2011。

〔美〕罗伯特·帕特南：《我们的孩子》，田雷、宋昕译，中国政法大学出版社，2017。

《马克思恩格斯选集》第1卷，人民出版社，1995。

《马克思恩格斯文集》第10卷，人民出版社，2009。

〔德〕马克斯·韦伯：《新教伦理与资本主义精神：罗克斯伯里（第3版）》，苏国勋等译，社会科学文献出版社，2010。

《毛泽东选集》第一卷，人民出版社，1991。

〔美〕曼纽尔·卡斯特：《网络社会的崛起》，夏铸九等译，社会科学文献出版社，2003。

〔美〕曼纽尔·卡斯特：《认同的力量》（第二版），曹荣湘译，社会科学文献出版社，2006。

〔美〕曼纽尔·卡斯特：《千年终结》，夏铸九等译，社会科学文献出版社，2006。

〔法〕让·鲍德里亚：《消费社会》，刘成富、全志钢译，南京大学出版社，2014。

孙立平：《断裂——20世纪90年代以来的中国社会》，社会科学文献出版社，2003。

孙立平：《失衡：断裂社会的运作逻辑》，社会科学文献出版社，2004。

〔美〕索尔斯坦·邦德·凡勃伦：《有闲阶级论》，李风华译，中国人民大学出版社，2017。

〔英〕齐格蒙特·鲍曼：《工作、消费、新穷人》，仇子明、李兰译，吉林出版集团，2010。

〔法〕托马斯·皮凯蒂：《21世纪资本论》，巴曙松、陈剑等译，中信出版社，2014。

〔法〕托克维尔：《论美国的民主》，董果良译，商务印书馆，1989。

〔法〕托克维尔：《旧制度与大革命》，冯棠译，商务印书馆，1992。

王宁：《消费社会学》（第二版），社会科学文献出版社，2011。

王跃生、伍海霞、李玉柱、王磊：《社会变革时代的民众居住方式：以家庭结构为视角》，社会科学文献出版社，2015。

王小鲁、樊纲、胡李鹏主编《中国分省份市场化指数报告（2018）》，社会科学文献出版社，2019。

〔美〕沃尔特·沙伊德尔：《不平等社会》，颜鹏飞、李酣等译，中信出版集团，2019。

〔美〕吴军：《全球科技通史》，中信出版社，2019。

吴忠民：《世俗化与中国的现代化》，商务印书馆，2021。

〔德〕乌尔里希·贝克：《风险社会：新的现代性之路》，张文杰、何博闻译，译林出版社，2018。

〔美〕谢宇、张晓波、涂平、任强、黄国英:《中国民生发展报告(2018~2019)》,社会科学文献出版社,2012。

薛进军:《不平等的增长:收入分配的国际比较》,社会科学文献出版社,2012。

应星主编《中国社会》,中国人民大学出版社,2015。

俞可平主编《中国治理变迁30年(1978~2008)》,社会科学文献出版社,2008。

〔美〕约翰·朱迪斯:《民粹主义大爆炸:经济大衰退如何改变美国和欧洲政治》,马霖译,中信出版集团,2018。

张林江:《围绕农村土地的权利博弈:不确定产权的一种经验分析》,社会科学文献出版社,2012。

张明:《宏观中国:经济增长、周期波动与资产配置》,东方出版社,2020。

张五常:《中国的经济制度》,中信出版社,2009。

张蕴岭主编《百年大变局:世界与中国》,中共中央党校出版社,2019。

赵鼎新:《什么是社会学》,生活·读书·新知三联书店,2021。

赵卫华主编《地位与消费:当代中国社会各阶层消费状况研究》,社会科学文献出版社,2007。

周尔鎏、张雨林主编《城乡协调发展研究》,江苏人民出版社,1991。

周翼虎、杨晓民:《中国单位制度》,中国经济出版社,2002。

翟学伟：《关系与中国社会》，中国社会科学出版社，2012。

论文：

蔡昉、都阳：《转型中的中国城市发展——城市级层结构、融资能力与迁移政策》，《经济研究》2003年第6期。

蔡昉：《为什么将就业优先政策置于宏观政策层面》，《光明日报》2019年3月26日。

蔡昉：《全球五分之一人口的贡献——中国经济发展的世界意义》，《世界经济与政治》2019年第6期。

陈宝生：《中国教育：波澜壮阔四十年》，《人民日报》2018年12月17日。

陈氚：《网络权力变迁中的国家机遇》，《中共中央党校学报》2015年第3期。

陈氚：《网络社会中的空间融合——虚拟空间的现实化与再生产》，《天津社会科学》2016年第3期。

陈氚：《隐性网络自组织——互联网集体行动中的组织状态和治理困境》，《教学与研究》2017年第11期。

陈光金：《谈谈社会关系结构的重大变化》，《浙江日报》2008年1月14日。

陈卫：《中国的两孩政策与生育率》，《北京大学学报》（哲学社会科学版）2019年第5期。

陈宗胜、康健：《中国居民收入分配"葫芦型"格局的理论解释——基于城乡二元经济体制和结构的视角》，《经济学动态》2019年第1期。

程永宏：《改革以来全国总体基尼系数的演变及其城乡分解》，《中国社会科学》2007年第4期。

崔岩、黄永亮：《中等收入群体客观社会地位与主观阶层认同分析——兼议如何构建主观阶层认同上的橄榄型社会》，《社会发展研究》2017年第3期。

范晓光、吕鹏：《中国私营企业主的社会构成：阶层与同期群差异》，《中国社会科学》2017年第7期。

费孝通：《建立面向中国实际的人民社会学——费孝通教授1981年10月6日在省委礼堂作的学术演讲》，《江苏社联通讯》1981年第17期。

费孝通：《三论中国家庭结构的变动》，《北京大学学报》（哲学社会科学版）1986年第3期。

高杰、何平、张锐：《"中等收入陷阱"理论述评》，《经济学动态》2012年第3期。

高延雷、王志刚：《城镇化是否带来了耕地压力的增加？——来自中国的经验证据》，《中国农村经济》2020年第9期。

龚维斌：《我国社会结构：变化、特点及风险》，《中国特色社会主义研究》2019年第4期。

龚维斌：《新中国70年社会组织方式的三次变化》，《中共中央党校（国家行政学院）学报》2019年第6期。

龚维斌、张林江：《"四型"社会建设：未来社会发展的思路与对策——疫情"大考"之后的社会建设路径》,《行政管理改革》2020 年第 5 期。

龚维斌:《加强和创新基层社会治理》,《光明日报》2020 年 9 月 18 日。

龚维斌、张林江:《中国特色社会主义社会学:理论基点、学术渊源与学科品格》,《南京社会科学》2020 年第 11 期。

顾朝林、管卫华、刘合林:《中国城镇化 2050:SD 模型与过程模拟》,《中国科学:地球科学》2017 年第 7 期。

郭志刚:《中国低生育进程的主要特征——2015 年 1% 人口抽样调查结果的启示》,《中国人口科学》2017 年第 4 期。

国务院发展研究中心课题组等:《农民工市民化对扩大内需和经济增长的影响》,《经济研究》2010 年第 6 期。

韩俊:《破除城乡二元结构 走城乡融合发展道路》,《光明日报》2018 年 11 月 16 日。

贺丹:《新时代乡村人口流动规律与社会治理的路径选择》,《国家行政学院学报》2018 年第 3 期。

胡建国、李伟、蒋丽平:《中国社会阶层结构变化及趋势研究——基于中国社会流动变化的考察》,《行政管理改革》2019 年第 8 期。

黄群慧:《新中国 70 年工业化进程的历史性成就与经验》,《光明日报》2019 年 7 月 9 日。

黄晓春:《"金融海啸"与中国社会政策的转变》,《社会》2009 年第 1 期。

蒋满元：《区域结构演化对区域可持续发展的影响探讨》，《当代经济管理》2007 年第 5 期。

景天魁：《中国社会发展的时空结构》，《社会学研究》1999 年第 6 期。

景天魁：《"植根于中国土壤之中"的学术路线——怀念与学习陆学艺先生》，《社会学研究》2014 年第 3 期。

康岚：《代差与代同：新家庭主义价值的兴起》，《青年研究》2012 年第 3 期。

李春玲：《社会结构变迁中的城镇社会流动》，《社会学研究》1997 年第 5 期。

李春玲：《当代中国中产阶层的构成及比例》，《中国人口科学》2003 年第 6 期。

李春玲：《当代中国社会的消费分层》，《中山大学学报》（社会科学报）2007 年第 4 期。

李春玲：《中国中产阶级的不安全感和焦虑心态》，《文化纵横》2016 年第 4 期。

李春玲：《中等收入群体概念的兴起及其对中国社会发展的意义》，《中共中央党校学报》2017 年第 2 期。

李春玲：《改革开放的孩子们：中国新生代与中国发展新时代》，《社会学研究》2019 年第 3 期。

李春玲：《中国社会分层与流动研究 70 年》，《社会学研究》2019 年第 6 期。

李路路：《制度转型与分层结构的变迁——阶层相对关系

模式的"双重再生产"》,《中国社会科学》2002 年第 6 期。

李路路:《社会结构阶层化和利益关系市场化——中国社会管理面临的新挑战》,《社会学研究》2012 年第 2 期。

李路路、石磊、朱斌:《固化还是流动?——当代中国阶层结构变迁四十年》,《社会学研究》2018 年第 6 期。

李竞博、原新:《如何再度激活人口红利——从劳动参与率到劳动生产率:人口红利转型的实现路径》,《探索与争鸣》2020 年第 2 期。

李培林:《关于社会结构的问题——兼论中国传统社会的特征》,《社会学研究》1991 年第 1 期。

李培林:《另一只看不见的手:社会结构转型》,《中国社会科学》1992 年第 5 期。

李培林:《中国社会结构转型对资源配置方式的影响》,《中国社会科学》1995 年第 1 期。

李培林、张翼:《消费分层:启动经济的一个重要视点》,《中国社会科学》2000 年第 1 期。

李培林、苏国勋等:《和谐社会构建与西方社会学社会建设理论》,《社会》2005 年第 6 期。

李培林:《我国社会组织体制的改革和未来》,《社会》2013 年第 3 期。

李培林:《中国社会学的历史担当》,《社会学研究》2016 年第 5 期。

李培林:《社会结构弹性仍相当大》,《北京日报》2017

年3月6日。

李强:《"丁字型"社会结构与"结构紧张"》,《社会学研究》2005年第2期。

李强:《中国中产社会形成的三条重要渠道》,《学习与探索》2015年第2期。

李强:《我国正在形成"土字型社会结构"》,《北京日报》2015年5月25日。

李树茁、孟阳:《改革开放40年:中国人口性别失衡治理的成就与挑战》,《西安交通大学学报》(社会科学版)2018年第6期。

李升、〔日〕佐佐木卫:《具有综合性特征的中国社会学——论陆学艺的社会学思想》,《西北师大学报》(社会科学版)2020年第2期。

李志明:《中国就业政策70年:走向充分而有质量的就业》,《天津社会科学》2019年第3期。

林晓珊:《中国家庭消费分层的结构形态——基于CFPS 2016的潜在类别模型分析》,《山东社会科学》2020年第3期。

刘宝驹:《现代中国城市家庭结构变化研究》,《社会学研究》2000年第6期。

刘程、廖桂村:《家庭教养方式的阶层分化及其后果:国外研究进展与反思》,《外国教育研究》2019年第11期。

刘军强、熊谋林、苏阳:《经济增长时期的国民幸福感——基于CGSS数据的追踪研究》,《中国社会科学》2012

年第 12 期。

刘少杰、王建民：《现代社会的建构与反思——西方社会建设理论的来龙去脉》，《学习与探索》2006 年第 3 期。

刘应杰：《中国区域发展新格局的四个问题思考》，《区域经济评论》2020 年第 3 期。

陆益龙：《1949 年后的中国户籍制度：结构与变迁》，《北京大学学报》（哲学社会科学版）2002 年第 2 期。

陆学艺：《重新认识农民问题——十年来中国农民的变化》，《社会学研究》1989 年第 6 期。

陆学艺：《走出"城乡分治　一国两策"的困境》，《读书》2000 年第 5 期。

陆学艺：《农民工问题要从根本上治理》，《特区理论与实践》2003 年第 7 期。

陆学艺：《中国社会阶级阶层结构变迁 60 年》，《中国人口·资源与环境》2010 年第 7 期。

陆学艺：《社会结构未定型　社会流动在加快》，《学习月刊》2011 年 1 期。

陆娅楠：《要素市场化配置改革迈大步》，《人民日报》2020 年 4 月 10 日。

马春华、李银河等：《中国城市家庭变迁的趋势和最新发现》，《社会学研究》2011 年第 2 期。

马春华：《变动中的东亚家庭结构比较研究》，《学术研究》2012 年第 9 期。

糜海波：《当今西方马克思主义阶级理论的三大转变》，《湖北行政学院学报》2020年第1期。

乔艺波：《改革开放以来中国城镇化的演进历程、特征与方向——基于人口、经济与制度视角》，《城市规划》2020年第1期。

卿涛、闫燕：《国外体面劳动研究述评与展望》，《外国经济与管理》2008年第9期。

渠敬东：《坚持结构分析和机制分析相结合的学科视角，处理现代中国社会转型中的大问题》，《社会学研究》2007年第2期。

渠敬东：《项目制：一种新的国家治理体制》，《中国社会科学》2012年第5期。

人力资源和社会保障部党组：《如何看待我国就业形势》，《求是》2020年第1期。

宋月萍、陶椰：《融入与接纳：互动视角下的流动人口社会融合实证研究》，《人口研究》2012年第3期。

孙立平、王汉生等：《改革以来中国社会结构的变迁》，《中国社会科学》1994年第2期。

孙立平：《实践社会学与市场转型过程分析》，《中国社会科学》2002年第5期。

王春光：《城乡结构：中国社会转型中的迟滞者》，《中国农业大学学报》（社会科学版）2007年第1期。

王春光：《中国社会发展中的社会文化主体性——以40

年农村发展和减贫为例》,《中国社会科学》2019 年第 11 期。

王海光:《当代中国户籍制度形成与沿革的宏观分析》,《中共党史研究》2003 年第 4 期。

王汉生、刘世定、孙立平、项飚:《"浙江村":中国农民进入城市的一种独特方式》,《社会学研究》1997 年第 1 期。

王宁:《从不平衡消费到平衡消费——对"富裕失范"以及消费失衡的社会学分析》,《山东社会科学》2020 年第 3 期。

王跃生:《当代中国农村单亲家庭变动分析》,《开放时代》2008 年第 5 期。

王跃生:《中国城乡家庭结构变动分析——基于 2010 年人口普查数据》,《中国社会科学》2013 年第 12 期。

王蒙:《新时代文化繁荣发展之道》,《人民日报》2019 年 3 月 22 日。

魏后凯、李玏、年猛:《"十四五"时期中国城镇化战略与政策》,《中共中央党校(国家行政学院)学报》2020 年第 4 期。

尉建文、李培林:《后西方社会学与当代中国社会学》,《北京师范大学学报》(社会科学版)2018 年第 1 期。

吴忠民:《世俗化与中国的现代化建设》,《清华大学学报》(哲学社会科学版)2020 年第 2 期。

吴忠民:《中国现阶段过度世俗化问题及其治理》,《山东社会科学》2021 年第 9 期。

颜烨：《从三农主义到结构主义——陆学艺社会学思想研究》，《西北师大学报》（社会科学版）2017年第2期。

肖冬连：《中国二元社会结构形成的历史考察》，《中共党史研究》2005年第1期。

谢宇等：《普及高中阶段教育的背景、意义和挑战》，《北京大学学报》（哲学社会科学版）2019年第4期。

许宪春：《影响国民财富及其分配结构变化的若干因素》，《全球化》2013年第1期。

薛钢、陈思霞、蔡璐：《城镇化与全要素生产率差异：公共支出政策的作用》，《中国人口·资源与环境》2015年第3期。

杨典、欧阳璇宇：《金融资本主义的崛起及其影响——对资本主义新形态的社会学分析》，《中国社会科学》2018年第12期。

尹德挺、袁尚：《新中国70年来人口分布变迁研究——基于"胡焕庸线"的空间定量分析》，《中国人口科学》2019年第5期。

于学军、翟振武、杨凡、李建民、穆光宗：《为什么要建设"人口均衡型社会"》，《人口研究》2010年第3期。

张车伟：《十八大以来我国就业新特点和就业优先战略新内涵》，《人民日报》2017年7月19日。

张林江：《传统中国的社会治理智慧》，《中国党政干部论坛》2014年第12期。

张林江：《当前社会的十大阶层与其政策调适（5）：因时因势加强对社会阶层的政策调适》，《中国党政干部论坛》2015年第4期。

张林江、赵卫华：《中产阶层壮大、扩大内需与经济转型》，《中国党政干部论坛》2016年第9期。

张林江：《需求收缩、扩大居民消费与加强民生保障》，《理论探索》2022年第3期。

张翼：《增长的"陷阱" 收入差距过大》，《光明日报》2013年7月20日。

张翼：《当前中国社会各阶层的消费倾向——从生存性消费到发展性消费》，《社会学研究》2016年第4期。

张蕴岭：《中国对外关系40年：回顾与展望》，《世界经济与政治》2018年第1期。

赵庆云：《阶级理论与马克思主义史学》，《史学理论研究》2022年第3期。

赵莎莎、张东辉、陈汝影：《中国城镇化水平和人力资本对全要素生产率的影响》，《城市问题》2019年第7期。

郑晓冬、方向明：《婚姻匹配模式与婚姻稳定性——来自中国家庭追踪调查的经验证据》，《人口与经济》2019年第3期。

中国人民银行调查统计司城镇居民家庭资产负债调查课题组：《2019年中国城镇居民家庭资产负债情况调查》，《中国金融》2020年第9期。

周长城、吴琪、邹隽若：《高净值人群的消费特征及其生活方式探析》，《社会科学研究》2019 年第 6 期。

周飞舟：《政府行为与中国社会发展——社会学的研究发现及范式演变》，《中国社会科学》2019 年第 3 期。

周飞舟：《从脱贫攻坚到乡村振兴：迈向"家国一体"的国家与农民关系》，《社会学研究》2021 年第 6 期。

周广肃、李沙浪：《消费不平等会引发社会信任危机吗？》，《浙江社会科学》2016 年第 7 期。

周黎安：《中国地方官员的晋升锦标赛模式研究》，《经济研究》2007 年第 7 期。

周晓桂：《经济新常态下我国收入分配制度改革的再思考》，《宏观经济管理》2019 年第 9 期。

朱光磊、李晨行：《现实还是风险："阶层固化"辨析》，《探索与争鸣》2017 年第 5 期。

朱雪微：《对马克思无产阶级理论的辩护》，《哲学动态》2021 年第 10 期。

外文：

Levy, Marion J. Jr. , Modernization and the Structure of Societies: A Setting for International Affairs (Princeton University Press, 1966)。

Merton, R. K. , Social Theory and Social Structure (New York: Free Press, 1968).

Milanovic, The Haves and the Have – Nots: A Brief and Idiosyncratic of Global Inequality (New York, Basic Books, 2011).

R. K. Merton, Sociological Ambivalence and Other essays (New York: Free Press, 1976).

后记

本书交稿之际，时逢秋高气爽、天高云淡、硕果累累的金秋时节。

在今年的十月，举世瞩目的中国共产党第二十次全国代表大会将在北京举行。这是在全党全国各族人民迈上全面建设社会主义现代化国家新征程、向第二个百年奋斗目标进军的关键时刻召开的一次十分重要的大会。大会将选举产生新一届中央委员会和中央纪律检查委员会。毫无疑问，在复杂严峻的国内外形势下，这场盛会将再次校准中国前进的航向，为中国式现代化行稳致远奠定坚实基础。

恩师陆学艺先生当年为《当代中国社会阶层研究报告》写的后记里谈道，"希望我们的研究有助于人们对于当代中国社会结构变迁的理解和认识，有助于党和政府决策制定正确的中长期社会经济发展战略，有助于国内社会阶层研究的深化"。当年师从陆学艺先生读书，他为人民做学问的理论情怀、把学问做在祖国大地上的学术品格、文章不写半句空的审慎态度，深深地影响了自己为学、为文、为人的取向。更为重要的是，他带领我涉足的社会结构、社会建设、"三农"等研究领域，成为我一生的"饭碗"和追求。目前完成的这本小书，可以说是我这些年对中国社会结构转型这个问题的调查和思考成果。这时候，不能不怀念和感恩当年把我带上这条学术道路的陆先生。而这本书的目标，仍然和前述陆先生在《当代中国社会阶层研究报告》后记中提到的希望一样。

当前，我国社会主义现代化建设面临严峻的国内外形势，风险挑战明显增多。新冠肺炎疫情仍在持续，世界经济复苏困难，经济全球化遭遇逆流，全球产业链供应链面临较大冲击，俄乌冲突等地缘冲突带来国际安全、政治、经济格局深刻调整。我国发展不平衡不充分的问题还很突出，经济发展面临需求收缩、供给冲击、预期转弱三重压力，社会领域发展改革任务艰巨繁重。真诚希望我的这本小书能够帮助读者透过纷繁复杂的社会现象看到中国社会的巨大进步，看懂中国发展的背后原因，看透中国式现代化面临的挑战和机遇。当然，也非常希望这一具有明显策论导向的研究能够为我国公共政策的改进完善提供理论支持和学理支撑。从这个意义上说，我把这本小书当作自己对党的二十大的献礼之作。

需要特别说明的是，这本小书的完成在一定程度上搭了《当代中国社会结构（2010~2020）》一书的便车。为完成该书，在龚维斌教授领导下，无论是到各地调研、收集材料，还是观点打磨、理论创新，我都获得了许多便利和收益。特别要感谢龚维斌教授，他既是我的领导，也是我的师兄，他的稳重严谨、勤奋刻苦、豁达包容，都给我做出了很好的人生示范，成为我学习的榜样。还要感谢《当代中国社会结构（2010~2020）》的作者群体。在帮助龚维斌教授组织书稿的过程中，我与马福云、王道勇、刘金伟、胡薇、赵卫华、胡建国、李志明、陈氚、李志新、毛佩瑾等进行了多次交流和沟通，他们的研究素材、观点和方法丰富了我对相关理论的理解，提升了自己对一些问题的认识水平。感谢本书责任编辑陈颖老师。我和她相识多年，我的每本书都由她来把关。她以其一贯的热心、耐心、细心，推动我及时完成书稿并不断完善其中的相关内容，她的宝贵意见和建议给这本小书增辉不少。感谢中央党校社会和生态文明教研部办公室的周颖、高钦为老师。2022年7月，我被组织安排到青海省委党校挂职，行前她们就给我不少帮助。到青海后为完成本书，又多次麻烦她们帮我寻找材料、订正书稿、校正数据，她们的爱心和包容一直让我倍感温暖。

最后要说的是，年满半百，本领恐慌陡增。作为中央党校的一名教师，在上课、调查、研究、政策咨询等各方面都经常觉得力有不逮。年轻人的聪敏睿智和扎实功底不时让我感到汗颜，名师大家的深厚功底和丰富实践不时让我感到惭愧。这本小书的完成也是在战战兢兢的状态下完成的，其中肯定有不少错误和不足，敬请大家批评指正。

2022 年 9 月 18 日

图书在版编目（CIP）数据

伟大的转型：改革开放以来的中国社会变迁 / 张林江著. -- 北京：社会科学文献出版社，2022.10（2023.7 重印）
ISBN 978-7-5228-0981-6

Ⅰ.①伟… Ⅱ.①张… Ⅲ.①社会发展-研究-中国 Ⅳ.①D668

中国版本图书馆 CIP 数据核字（2022）第 201113 号

伟大的转型
——改革开放以来的中国社会变迁

著　　者 / 张林江

出 版 人 / 王利民
责任编辑 / 陈　颖
责任印制 / 王京美

出　　版 / 社会科学文献出版社·皮书出版分社（010）59367127
　　　　　 地址：北京市北三环中路甲29号院华龙大厦　邮编：100029
　　　　　 网址：www.ssap.com.cn
发　　行 / 社会科学文献出版社（010）59367028
印　　装 / 三河市龙林印务有限公司

规　　格 / 开　本：787mm×1092mm　1/16
　　　　　 印　张：18.5　字　数：180千字
版　　次 / 2022年10月第1版　2023年7月第2次印刷
书　　号 / ISBN 978-7-5228-0981-6
定　　价 / 88.00元

读者服务电话：4008918866

▲ 版权所有 翻印必究